찬스를 만드는
만남의 기술
15

찬스를 만드는 만남의 기술 15

레스 기블린(Les Giblin) 지음 · 안상헌 옮김

북포스

찬스를 만드는

만남의 기술 15

지 은 이 레스 기블린
옮 긴 이 안상헌

펴 낸 곳 북포스
펴 낸 이 방현철

1판 1쇄 찍은날 2008년 6월 18일
1판 1쇄 펴낸날 2008년 6월 27일

출판등록 2004년 2월 3일 제313-00026호
주 소 서울시 마포구 합정동 414-18 4층 402호
전 화 (02)337-9888
팩 스 (02)337-6665
전자우편 bhcbang@hanmail.net

I S B N 978-89-91120-20-4 03320

값 10,000원

• 잘못된 책은 바꾸어 드립니다.

차 례

책을 내면서

살아가기 어려운 시대다. 정보와 기술은 하루가 다르게 변하고 그것을 따라잡기 위한 사회구성원들의 노력은 눈물겨울 만큼 힘겹게 보인다. 거기에 온갖 변화와 혁신의 깃발이 나부껴 더 속도를 내라는 채찍질로 일상이 넘쳐나고 있다.

이런 분위기 속에서 어려운 시대일수록 해법은 쉬운 곳에 있다는 사실을 알게 된 계기가 있었다. 레스 기블린이 쓴 이 책을 만나고부터다. 이 책은 복잡하지 않고 단순하다. 단순하고 명쾌한 내용을 인간의 본성에 기초해서 알려준다. 어찌 보면 당연하고 이미 다 알고 있는 것처럼 들린다. 하지만, 곰곰이 생각해보면 우리는 전혀 그렇게 살아가지 못하고 있음을 알게 된다. 이 책의 내용을 실천한 저자가 미국 최고의 세일즈맨이 되었다는 사실만으로도 우리의 앎과 실천의 괴리는 충분히 설명이 된다.

단순한 원리가 얼마나 큰 힘을 지녔는지는 오직 실천해본 사람만이 알 수 있다. 수많은 커뮤니케이션과 인간 만남의 기술에 관한 책들을 봐왔지만 변한 것이 없는 이유는 실천의 부재에 있다. 그런 이유 때문인지 이 책은 아주 짧고 명쾌하게 우리를 꼬집어준다. 사실 진리 그 자체는 복잡하지 않고 단순한 것이다. 진리는 복잡할 이유가 없다.

반면 사람을 현혹하는 온갖 잡다한 기술들은 복잡하다. 복잡해야 중요하게 보인다. 대체로 복잡함이란 뒤편에 기반을 둔 눈속임인 경우가 많다. 그렇기에 우리는 이 책의 힘을 믿는다.

출간 작업을 함께하면서 번역자와 편집인들은 무한한

즐거움 또한 공유했다. 간단하고 재미있고 가치 있는 내용을 함께 다룰 수 있었기 때문이다.

이 책을 통해 모든 독자들이 좋은 관계, 훌륭한 삶을 만들 수 있기를 기원한다.

2008년 06월

북포스 출판사 편집인 일동

저자 서문

인간관계의 기술은 모든 인간의 재능 중에서도 그 정수에 해당한다. 왜냐하면, 인간관계의 기술이란 인간의 본성에 대한 깊이 있는 이해에서 비롯되며 관계의 형성에 지대한 영향을 미치기 때문이다. 인간은 관계를 통해서만 살아갈 수 있는 존재이기에 관계의 질이 삶의 질을 좌우한다.

그러므로 당신의 인간관계 기술이 당신의 비즈니스 생명과 가족관계, 사회적 관계의 질을 결정함을 명심하라. 상사 혹은 배우자와의 관계가 원만하지 못한 사람은 늘 비슷한 문제 때문에 곤혹스러워한다. 그 이유는 그들에게 인간에 대한 깊이 있는 이해와 그것에 기초한 구체적인 기술이 부족하기 때문이다.

당신의 삶을 개선하고 더 나은 것으로 만들고 싶다면 이 책에 실려 있는 지식과 기술을 적극적으로 활용할 것을 권한다. 인간의 본성에 기초한 구체적인 방법들은 당신의 인관관계를 현저히 개선해줄 것이다.

인간관계와 커뮤니케이션은 참으로 매력 있고 활기찬 분야다.

이 매력있고 활기찬 분야에서 당신을 도울 수 있어서 기쁘다.

행운을 빈다.

레스 기블린

사람에 대한 중요한 통찰 1

사람은 어떻게 배우고 받아들이는가?

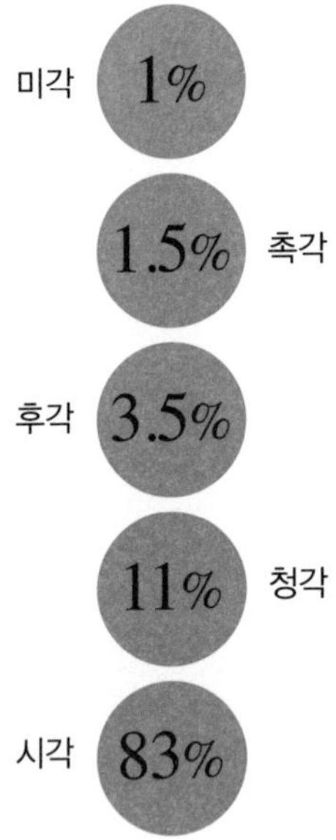

사람에 대한 중요한 통찰 2

사람은 정보를 어떻게 기억하는가?

읽는 것의 10%를 기억한다

듣는 것의 20%를 기억한다

보는 것의 30%를 기억한다

보고 듣는 것의 50%를 기억한다

말하는 것의 70%를 기억한다

행동한 것의 90%를 기억한다.

사람에 대한 중요한 통찰 3

배움의 방법	3시간 후 복습	3일 후 복습
청각	70%	10%
시각	72%	20%
청각+시각	85%	65%

사람의 본성을 이해하라

1

관계형성의 기술

- 사람의 본성을 이해하라
- 인간은 다른 사람에게 관심이 없다
- 사람이 관심을 두는 것은 오직 자기 자신이다
- 이것이 성공적인 인간관계의 기본적인 지침이다

누구에게나 삶은 소중한 것이다.

삶은 단 한 번뿐이며 되돌릴 수 없다.

그 때문에 이 세상의 모든 사람들은 성공적인 삶을 위해서 노력한다.

하지만, 안타깝게도 누구나 그 성공이라는 목표에 도달하는 것은 아니다.

그 목표에 도달하는 사람은 소수에 불과하다.

도대체 그 이유는 무엇일까?

바로 인간관계에서 실패하기 때문이다.

현대사회는 인간관계가 원만하지 않으면 제대로 성공할 수 없다.

자기만의 독특한 기술과 지식이 있어도 그것을 세상에 널리 알리려면 자기 이외의 다른 사람의 도움이 필요하다.

지금은 혼자서 성공할 수 없는 시대이다.

자신의 능력을 갖추는 노력과 함께 인간관계에 많은

신경을 써야 한다.

그렇다면, 성공적인 인간관계를 만들려면 무엇을 해야 할까?

성공적인 인간관계를 위해 가장 먼저 해야 할 것은 사람의 본성을 제대로 이해하는 것이다.

사람에 대해서 모르면서 성공적인 관계를 만드는 것은 불가능하다.

그것은 지도도 없이 무작정 길을 떠나는 것과 다를 바 없다.

사람의 본성을 제대로 이해하고 왜 사람들이 그런 행동을 하는지 알게 될 때 인간관계에 대한 전문가가 될 수 있다.

또한, 왜 사람들이 같은 행동을 반복하는지 그 이유를 알게 되었을 때 다른 사람과 성공적인 관계를 맺을 수 있게 된다.

사람의 본성을 이해한다는 것은 그들이 누구인지를 정확히 아는 것을 뜻한다.

우리는 상대방에 대해서 잘 모른다. 단지 우리가 생각하고 있는 상대방에 대해서 알고 있을 뿐이다.

그러면서도 우리는 상대방에 대해서 잘 알고 있다는 듯이 착각하며 살고 있다.

사람의 본성을 이해하는 것은 우리가 생각하고 있는 그들이 아니라 본래의 그들에 대해서 정확하게 이해하는 것을 뜻한다.

예를 들어 당신이 지금 어떤 사람과 대화를 하고 있다고 하자.

당신은 그의 말과 행동을 통해서 그가 어떤 사람인지 짐작할 수 있다.

그렇지만 그것은 짐작일 뿐이다. 당신이 알아낸 그의 성격과 스타일이 과연 진정한 그의 참모습인지는 알 수가 없다.

우리는 서로에 대해서 아주 잘 안다고 생각하는 경향이 있다. 아내는 남편을, 남편은 아내를, 상사는 부하를, 부하는 상사를 아주 잘 안다고 생각한다.

그런데 사실은 전혀 그렇지 않다.

우리가 생각하고 있는 상대방의 모습은 내가 생각하고 있는 그들의 모습일 뿐이다. 우리는 그들의 진정한 모습을 전혀 모르고 있다.

그래서 한 사람을 제대로 이해하려면 사람의 공통된 본성을 먼저 살펴보아야 한다.

그렇다면 사람의 공통된 본성이란 과연 무엇일까?

사람들은 타인에 대해서는 전혀 관심이 없다.

그들이 관심을 가지고 있는 것은 오직 자기 자신이다.

이것이 바로 인간의 중요한 본성이다.

인간은 자기 자신을 가장 중요하게 생각한다.

사람들은 자신에 대해서 생각하는 시간의 만분의 일도 다른 사람을 위해서 투자하지 않는다.

당신 또한 세상에서 가장 큰 관심이 있는 것은 자기 자신이다.

당신이 다른 사람에게 얼마나 관심을 두고 있는지를 생각해보면 충분히 알 수 있을 것이다.

이것이 인간의 기본적인 본성이다.

사람들은 이런 본성에 기초해서 생각하고 행동하며 이해관계를 만들어간다.

우리는 사람들의 행동이 그들 자신의 생각과 관심사에 의해서 결정된다는 것을 기억해야 한다.

이런 경향은 너무나 강력해서 사람들이 기부행위를 할 때에도 이 기부행위가 다른 사람에게 어떤 도움이 될 것인가를 생각하는 것이 아니라 행위 자체의 만족과 즐거움에 집중하게 한다.

누군가를 도울 수 있다는 사실 자체에서 행복과 만족

감을 느끼는 것이다.

이때 기부행위가 다른 사람에게 얼마나 도움이 되는지는 2차적인 관심사에 불과하다.

이처럼 우리는 모두 자기중심적으로 생각하고 행동한다.

그것을 잊어서는 안 된다.

사람의 본성이 자기중심적이라는 사실을 알았다고 해서 난처해할 필요는 없다.

이것은 인류역사의 시작부터 그러했고 지구상에서 인간의 시대가 끝나는 날까지 계속될 사람의 본성에 관한 것이다.

이 점에서 우리는 모두 똑같다.

사람들이 자기 자신에게 주된 관심을 둔다는 이러한 사실은 당신이 사람들과 관계를 맺고 함께 일할 때 취해야 할 기본적인 지침들을 제공해준다.

당신이 다른 사람들과 좋은 관계를 맺을 때 필요한 기본적인 기술과 그들에게 영향력을 미치는 방법에 대해서 알려주는 것이다.

다음 장에서 사람의 본성에 대한 이해로부터 얼마나 많은 성공적인 만남의 기술들이 나오는지를 알게 될 것이다.

실제로 사람들이 남이 아닌 자기에게 주된 관심을 둔다는 사실을 깨닫는 것은 인간의 삶을 풀어나가는 핵심 열쇠가 된다.

그것을 알고 그 힘을 이용할 때 비로소 찬스를 만드는 만남을 가질 수 있다.

Skill with People

우리는 자신이 가장 중요한 존재라고 생각한다.

우리가 다른 사람들을 질투하는 이유도, 다른 사람들에 대해 분노하는 이유도 자기 자신을 소중하게 생각하기 때문이다.

자신을 하찮은 존재로 생각하는 사람은 질투나 분노할 이유가 없다.

이렇게 우리는 자기 자신을 너무나 사랑한다.

상대방 또한 마찬가지다.

자신을 사랑하기 때문에, 자신에게 가장 많은 관심을 두기 때문에 화도 내고 질투도 한다. 이제 그것을 이해해야만 한다.

상대방이 화를 낼 때 상대방이 마음에 상처 입었음을 이해할 수 있어야 한다.

상대방이 질투를 한다면 그가 자기존중감에 상처를 입었다는 것을 받아들이고 그것에 맞게 대처할 수 있어야 한다.

상대방의 감정을 제대로 이해할 수 있을 때 찬스가 오는 관계를 만들 수 있다.

이것은 진정한 Win-Win 관계에서 반드시 필요한 기술이다.

상대방을 대화의 주제로 삼아라

2

훌륭한 대화의 기술

- 사람들이 가장 관심을 두는 것은 바로 자기 자신이다
- 대화를 할 때 상대방을 화제로 삼아라
- 우리는 자신의 이야기를 하느라고 정신이 없다
- 자신의 사전에서 '나' 라는 단어를 지워버려라

우리는 사람들과 만나고 사귈 때 다양한 커뮤니케이션 수단들을 쓴다.

편지나 메모를 남기기도 하고, 그림이나 팩스를 이용하기도 하며 손짓이나 몸짓을 하기도 한다.

그 중에서도 가장 많이 사용하는 수단은 바로 말이다.

말은 그 무엇보다도 편리하고 쉬운 수단이다.

그래서 상대방과 대화를 할 때 무엇을 어떻게 말할 것인가가 중요한 것이다.

그렇다면, 다른 사람들과 이야기할 때 무엇을 화제로 삼는 것이 가장 좋을까?

당연히 그들이 가장 관심이 있는 것에 화제를 집중해야 한다.

그래야만 대화를 통해서 그들의 관심을 끌 수 있고 집중력을 유지할 수 있으며 만족감을 느끼게 할 수 있다.

사람들이 세상에서 가장 관심을 두는 것은 무엇일까?

사람들이 세상에서 가장 관심을 두는 것은 바로, 자기

자신이다!

사람은 자신이 이야기의 주인공이 될 때 깊은 관심을 두고 대화에 완전히 빠져든다.

그것이 자신에게 가장 흥미로운 화젯거리기 때문이다.

그리고 자신에 대해 이야기를 하는 동안 즐거움을 느끼고 대화하고 있는 상대방에 대해 좋은 감정을 가지게 된다.

상대방을 화제로 대화를 하면 상대방은 자신에게 가장 흥미로운 화제로 대화를 나누는 것이다. 때문에 당연히 그 대화에 몰입하게 된다.

그리고 당신과의 대화가 즐거웠다고 기억하게 된다.

상대방을 화제로 삼는 것은 상대방의 가려운 곳을 긁어주는 것과 같다.

인간의 본성에 맞게 만나는 것이 된다.

반대로 상대방이 아닌 당신을 화제로 삼게 되면 상대방은 금방 싫증을 느낀다. 인간의 본성과 반대되기 때문이다.

그러므로 당신의 사전에서 이 네 단어를 지워버려라.

"내가, 나의, 나를, 내 것의(I, MY, Me, Mine)."

대신 이 네 단어를 인간의 혀로 말할 수 있는 것 중에서 가장 강력한 하나의 단어로 대체하라.

"당신(You)."

예를 들어 상대방과의 대화에서는 이렇게 말해야 한다.
"이것은 당신을 위한 것입니다."
"이것은 당신에게 유익한 것입니다."
"당신의 가족에게 즐거움을 줄 것입니다."
"당신은 두 가지 혜택을 얻게 되실 겁니다."

그런데 대부분 사람은 자기 자신의 감정과 지식, 경험들에 대해서만 이야기한다.

그 이유는 그것이 즐겁기 때문이다.

만약 당신이 자신에 대해서 이야기하는 만족을 포기할 수만 있다면 당신의 영향력과 힘은 무한히 증가할 것이다.

이것은 실행하기 어렵고 충분한 연습이 필요한 일이지만 그 보상은 엄청나다.

그만한 가치가 충분히 있는 일이다.

사람들이 대화를 할 때 자기 자신에 대해서 관심을 둔다는 사실을 확인하는 좋은 방법은 자신에 대해 이야기를 하게 하는 것이다.

사람들이 자신에 대해서 이야기를 할 때 다른 어떤 주제에 대해서 이야기할 때보다 더 즐거워한다는 사실을 발견할 수 있을 것이다.

만약 당신이 사람들이 자기 자신에 대해 이야기할 수 있게 분위기를 만든다면 사람들은 당신을 아주 좋아하게 될 것이다.

이것은 그들에게 이런 질문들을 던짐으로써 가능하다.

"자네 가족들은 잘 지내나?"

"군대 간 자네 아들은 잘 지내고 있나?"

"그 회사에 얼마나 재직하고 계시나요?"

"고향은 어디세요?"

"이 점에 대해서 어떻게 생각하세요."

"이게 가족사진입니까?"

"여행은 즐거우셨어요?"

"가족들과 같이 가셨나요?"

많은 사람들이 인간관계에서 효과적이지 못하다.

그 이유는 우리가 모두 자기 자신에 대해서 생각하고 말하느라 정신이 없기 때문이다.

초등학교 월요일 아침 조회시간을 돌아보자.

교장선생님은 연단에 올라가 자신이 하고 싶고 할 수 있는 교훈이 가득 담긴 이야기를 학생들에게 풀어 놓는다.

하지만, 안타깝게도 초등학교 때 가장 지루했던 시간을 꼽으라는 질문에 많은 사람이 교장선생님 아침 훈화 시간을 꼽는다.

교장선생님의 이야기는 자신이 하고 싶은 이야기였을 뿐 아이들의 관심사와는 무관한 것이었기 때문이다.

누군가 대화를 하고 있을 때 당신의 말이 교장선생님의 그 시간과 다르지 않은지 생각해볼 필요가 있다.

대화에서 반드시 잊지 말아야 할 것은 당신이 그것을 얼마나 좋아하느냐는 아무런 문제가 아니며 당신의 이야기를 듣는 사람들이 그것을 얼마나 좋아하느냐가 중요하다는 것이다.

그래서 다른 사람들을 만나면 그들에 관한 이야기를

해야 한다.

다른 사람과 이야기할 때 상대방을 화제로 삼는 것, 상대방으로 하여금 자신의 이야기를 꺼내게 하는 것, 이 두 가지가 핵심이다.

이것이 가장 탁월한 이야기꾼이 되는 길이고 좋은 인간관계를 구축하는 비결이다.

Skill with People

사람들은 보통 '내 생각에는' 이라는 말로 대화를 시작하곤 한다. 애써 자기 생각임을 강조하려는 것이다.

자신의 생각이라는 것을 강조하면 다른 사람들로부터 인정 받을 수 있을 것 같아서 이런 식의 대화습관이 생긴다.

하지만 대체로 이런 방식의 대화는 자신이 기대했던 결과를 얻어내지 못하는 경우가 대부분이다.

이런 말을 듣는 상대방은 '또 잘난 체한다.' 라거나 '혼자 떠들고 있네!' 라는 식으로 생각해버리기 때문이다.

그리고 그 과정에서 상대방은 이야기의 주제가 자신에게

서 벗어나 있음을 느끼게 되고 대화에 무관심해진다.

이것은 회의하는 모습을 보면 명확히 알 수 있다.

“내 생각에는 이번 일은 이렇게 하는 것이 좋을 것 같아요.”

이 말을 들은 상대방은 다시 이렇게 말한다.

“내 생각에는 그런 방법은 예전 방법인 것 같아요. 요즘은 이런 식이 좋죠.”

이렇게 자신의 생각임을 강조하면서 대립은 계속된다.

결국 자신의 생각을 강조할 뿐 무엇이 정말 중요한 것인지에 대해서는 합의를 보지 못한다.

대화에서 자신의 생각임을 지나치게 강조하는 것은 좋은 방법이 아님을 잊지 말자.

상대방을 중요한 존재로 느끼게 하라

3

상대방을 중요한 존재로 느끼게 하는 기술

- 상대방의 이야기에 귀를 기울여라
- 호응하고 칭찬하라
- 이름을 부르고 사진을 활용하라
- 대답하기 전에 뜸을 들여라
- 상대방을 화제로 삼아라
- 기다리는 사람을 배려하라
- 모든 사람들에게 관심을 보여라

인간은 욕구의 동물이다.

먹고 싶은 욕구, 자고 싶은 욕구, 사랑하고 싶은 욕구, 공동체에 소속되고 싶은 욕구, 발전하고 싶은 욕구, 자기를 실현하고 싶은 욕구 등 온갖 다양한 욕구들로 가득 차 있다.

이 중에 인간관계에서 중요하게 다루어야 할 욕구는 무엇일까?

인간의 가장 보편적인 특성은 중요한 사람으로 인정받고 싶은 욕구이다.

이런 욕구는 너무나 강력해서 사람들이 좋고 나쁜 행동들을 하게 하는 원인이 된다.

아이들은 부모에게 인정받으려고 열심히 공부해서 좋은 성적을 내려고 노력한다.

때로는 떼를 쓰기도 하고 사회적으로 지탄받는 나쁜 짓을 하기도 한다. 이 모두가 부모에게 인정받고 싶다는 욕구에서 하는 행동들이다.

좋은 인간관계를 맺으려면 당신과의 만남을 통해서 상대방이 자신이 중요한 사람이라고 느낄 수 있도록 해야 한다.

사람들이 당신과의 대화에서 자신이 중요한 사람이라고 느낄수록 그들은 당신에게 더 호감을 느끼게 된다는 사실을 기억하라.

모든 사람들은 특별한 사람으로 인정받기를 원한다.

어느 누구도 자신이 아무것도 아닌 존재로 취급받기를 원하지 않는다.

무시당하거나 경멸당하는 존재로 남고 싶은 사람은 아무도 없다.

당신이 자신을 중요하게 생각하는 것만큼 다른 사람도 스스로를 중요하게 생각한다.

이것은 사람의 공통된 특성이다.

이런 공통적인 특성을 이용하면 성공적인 인간관계의 토대를 구축할 수 있다.

이제 당신이 상대방을 인정하고 존중하고 있다는 느낌을 줄 수 있는 중요한 비결에 대해서 알아보자.

여기 사람들이 자신이 중요한 사람이라고 느끼게 하는 일곱 가지 방법이 있다.

“

상대방의 이야기에 귀를 기울여라

”

1

상대방의 이야기에 집중하지 않는 것은 자신이 중요한 존재가 아니라고 느끼게 만든다.

반대로 상대방에게 집중해서 그의 말을 경청하는 것은 자신이 중요한 사람이라는 느낌이 들게 한다.

당신이 이야기할 때 상대방이 딴청을 피우거나 다른 곳을 멍하니 바라보고 있다고 생각해보라. 어떤 느낌이 드는가?

이런 경우를 '무시(無視)' 당했다고 한다.

무시당하고 기분 좋은 사람은 아무도 없다.

상대방은 당신에게 좋지 못한 느낌을 갖게 될 것이다.

그러므로 상대방의 이야기에 귀를 기울이고 집중하라.

“

호응을 보내고 칭찬하라

”

2

적절한 때에 호응을 보내고 칭찬하라.

상대방이 무엇인가를 열심히 말하거나 주장하고 있는데도 아무런 호응이나 반응이 없다면 무시당한다는 느낌을 받게 된다.

반대로 적절한 때에 호응해주고 필요한 때에 칭찬하면 열심히 경청하고 있다는 느낌을 줄 수 있다.

이때 상대방은 신이 나서 자신의 이야기를 더 열심히 들려줄 것이다.

그러면 우리는 더 많은 정보를 얻을 수 있고 동시에 사람의 말을 잘 들어준다는 좋은 인상도 남길 수 있다.

“

이름을 부르고 사진들을 활용하라

”

3

그들의 이름을 자주 부르고 그들과 함께 찍은 사진들을 활용하라.
이름을 부른다는 것은 아주 중요한 일이다.
이름을 부르면 상대방이 나의 이야기를 잘 듣고 있으며 구체적으로 더 많은 것을 알고 싶어 한다는 느낌을 줄 수 있다.
이름이란 그 사람의 정체성에 관한 것이다.
자신의 이름을 들으면 그 자리에서 자신의 존재가 부각됨을 느끼게 된다. 그와 함께 자신을 특별한 사람으로 대하고 있음에 고마운 생각이 든다.
또한 함께 찍은 사진을 보여주고 그것을 잘 간직하고 있음을 알려주는 것도 좋다.
사람은 자신을 소중히 생각하는 사람에게 호의를 느끼는 법이다.

“
대답하기 전에 잠시 뜸을 들여라
”

4

이것은 당신이 그들이 한 말에 대해서 진지하게 생각하고 있으며 또한 그들의 말이 생각할 만한 충분한 가치가 있다는 인상을 심어 줄 것이다.

그런 인상은 곧 자신과 자신의 말이 중요하게 다루어지고 있다는 느낌으로 이어진다.

자신의 존재가치를 확인하게 되며 자신의 의견이 존중받는다는 생각에 기분이 좋아진다.

반면에 곧바로 대답하면 성의가 없이 느껴지고 자칫 질문을 하찮게 생각하고 있다는 인상을 줄 수 있다.

“‘당신’, ‘당신의’ 라는 말을 사용하라”

5

‘나, 나의, 나를, 나의 것’ 이라는 말이 중심이 되어서는 안 된다.

상대방이 중요하다고 생각하는 것이 화제가 되어야 한다.

그것은 바로 상대방 자신이다.

그러므로 상대방이 주어가 되도록 해야 한다.

상대방과 그의 일, 가족, 경험, 지식이 주제가 되도록 해야 한다.

“당신의 가족들은 이번 여행에 대해서 만족하고 계시나요?”

“당신 팀의 입장은 어떻습니까?”

“당신의 업무는 어떤 것입니까?”

“

기다리는 사람들에게 알고 있다는 신호를 보내라

”

6

사람들이 당신을 기다려야 한다면 상대방의 기다림을 당신이 알고 있다는 신호를 보내야 한다.

이런 행동은 그들이 실제로 어떤 특별한 사람으로 대접받고 있다는 느낌을 준다.

은행창구를 방문했을 때 아무도 당신을 쳐다보지 않았다고 하자. 어떤 생각이 들까?

이곳은 왜 이렇게 불친절해라는 생각이 들지 않을까?

반면 창구직원이 나를 쳐다보고 웃어주는 것만으로도 충분히 기다릴 수 있는 마음의 여유가 생긴다.

언제까지 기다려야 하는지 알 수 없을 때 기다림은 더 지겨운 법이다.

“

그룹의 모든 사람들에게 관심을 보여라

”

7

그룹의 리더나 말하는 사람에게만 관심을 보여서는 안 된다.

리더나 말하는 사람에게만 관심을 보이면 다른 사람들은 소외감을 느끼게 된다.

그룹은 한 사람 이상의 어떤 것이다.

특정한 사람에게만 관심을 기울이는 것을 편애한다고 한다.

사람은 모두 중요한 존재가 되고 싶은 욕구가 있기 때문에 편애하는 모습을 보면 질투를 하거나 화를 내게 된다.

그래서는 원만한 인간관계를 만들 수 없다.

그룹의 개개인 모두를 배려하고 관심을 두려고 노력해야 한다.

주는 대로 받는다는 말이 있다. 인간관계에서 이 말보다 더 정확한 진리도 찾아보기 어려울 것이다.

우리는 상대방이 자기에게 좀 더 잘해주었으면 하고 바라지만 내가 먼저 잘해주어야 한다는 생각은 하지 못한다.

우리는 상대방이 나에게 잘해줄 때 나도 그에게 잘해줄 수 있다고 생각한다. 그것은 상대방도 마찬가지다. 내가 잘해줄 때 그도 나에게 잘해주려 한다.

답은 명확하다. 내가 먼저 상대방에게 호의를 베풀어야 한다. 그래야 상대방도 나에게 호의를 돌려준다.

사람은 자기를 좋아해주는 사람에게 호감을 느낀다. 인정받고 싶은 욕구 때문이다. 이 점에서는 상대방도 나도 똑같다.

그러므로 내가 먼저 상대방에게 호감을 보여줘야 한다.

상사에게, 고객에게, 동료에게, 친구에게, 모든 사람들에게 먼저 호의를 보여라.

그러면 그들도 당신에게 호의를 되돌려줄 것이다.

다른 사람의 의견에 동의하라

4

상대방의 의견에 동의하는 기술

- 자신을 기분 좋게 만들어라
- 동의함을 표현하라
- 자신의 잘못을 솔직히 인정하라
- 논쟁과 싸움을 피하라

인간관계에 숙련된 사람이 되기 위한 중요한 기술 중 하나는 다른 사람의 의견에 동의하는 기술이다.

다른 사람의 의견에 동의하는 기술은 우리 삶에 지혜를 더해주고 만남을 빛나게 하는 보석과 같다.

아마도 우리 삶에서 동의하는 기술만큼 쉬운 것도 없을 것이다.

왜냐하면 사람들은 자신의 의견에 동의하는 사람을 본능적으로 좋아하기 때문이다.

처음 만난 사람들과 좀 더 가까워지는 방법은 무엇일까?

그것은 그들의 의견에 동의한다는 인상을 주는 것이다.

무척 단순해 보이는 이런 것들이 인간관계를 유지하고 발전시키는 데 아주 중요한 스킬이 된다.

동의의 기술이 중요한 이유

사람들은 자신의 의견에 동의하는 사람을 좋아한다

사람들은 자신의 의견에 반대하는 사람을 싫어한다

사람들은 본능적으로 자신의 생각과 일치하지 않는 사람을 좋아하지 않는다.

사람들의 의견에 동의하지 않는 사람은 바보 같은 사람이다.

지혜롭고 빈틈없고 대범한 사람들은 다른 사람들의 생각이 틀렸다 하더라도 그들의 의견에 일단 동의를 표시한다.

그들은 상대방의 의견에 먼저 동의하는 것이 사람의 마음을 열게 하고 설득도 할 수 있다는 것을 안다.

반대하기는 쉽다. 하지만 찬성하기는 어렵다.

왜냐하면 찬성하려면 상대방의 처지에서 생각해보아야 하기 때문이다.

실제로 현실생활에서는 상대방의 의견에 동의하는 경

우보다 반대하거나 반박하는 경우가 더 많다.

상대방의 의견에 동의하려면 상대방의 처지에서 생각해보는 역지사지의 마음과 세상에는 다른 생각도 있을 수 있다는 폭넓은 수용심이 필요하다.

그래서 상대의 의견에 동의해주는 사람들은 대범한 사람인 경우가 많다.

반대나 설득은 친해진 이후에 해도 늦지 않은 법이다.

“

상냥하고 밝은 마음을 유지하라

”

1

상대방에게 동의할 수 있으려면 먼저 자신을 기분이 좋은 상태로 만들어야 한다.

기분이 나쁘면 아무리 좋은 의견도 좋게 들리지 않는다.

먼저 자신을 기분 좋게 하는 것, 그것이 만남의 기본이다.

상냥하고 밝은 마음을 준비하라.

그리고 상대방을 밝고 상냥하게 대하라.

그 상냥한 마음으로 상대방의 의견에 동의하라.

“

의견에 동의함을 표현하라

”

2

사람들에게 상냥하게 대하는 것만으로는 충분하지 않다.
당신이 그들의 입장에 동의한다는 것을 사람들이 알게 해야 한다.
동의하고 있다는 것을 상대방이 알 수 있도록 고개를 끄덕여라.
상대방에게 '나는 당신의 의견에 동의합니다. 당신이 옳아요.' 라고
상대의 눈을 바라보면서 분명한 목소리로 말하라.
좋아하는 마음으로는 충분하지 않다.
좋아한다는 사실을 보여줄 수 있어야 한다.

"

절대적으로 필요한 경우가 아니라면 상대방의 의견에 동의하지 않는다고 말해서는 안 된다

"

3

꼭 필요한 경우가 아니면 상대의 의견에 동의하지 않더라도 침묵하거나 그냥 넘어갈 수 있어야 한다.

그런데 많은 사람들이 그렇게 하지 않는다.

오히려 반대를 위한 반대를 한다.

상대방의 의견에 반대를 하고 자신의 생각을 주장해야 자신의 존재가치가 입증된다고 생각되기 때문이다.

물론 반드시 짚고 넘어가야 하는 일도 있을 것이다.

하지만, 인생을 살다 보면 그런 경우는 놀란 만큼 적다는 사실을 알게 된다.

“ 당신이 틀렸다는 사실을 인정하라 ”

4

당신이 틀렸다는 생각이 들면 즉시 “제가 실수했습니다.”, “제가 틀렸습니다.”라고 큰 소리로 말하고 인정하라.

자신이 틀렸다는 사실을 인정하는 사람은 큰 사람이다.

사람들은 그런 사람을 존경한다.

이런 경우 보통사람들은 거짓말을 하거나 부인하거나 알리바이를 대서 회피하려 한다. 그런 변명과 회피 때문에 다른 사람들로부터 인정과 존경을 받지 못한다.

우리는 자신의 잘못을 인정하면 못난 사람이 된다고 생각하는 경향이 있다. 하지만 자신의 잘못을 인정하지 않기 때문에 못난 사람이 되는 것임을 알아야 한다.

잘못을 인정하면 비로소 사람이 모여든다.

논쟁을 삼가라

5

논쟁은 인간관계에서 가장 쓸모없는 기술이다.
설사 당신의 말이 옳다 하더라도 논쟁은 아무런 이익도 줄 수 없다.
당신이 논쟁에서 지면 상대방에 대한 분노를 가슴에 품게 될 것이다.
당신이 논쟁에서 이긴다고 해도 상대방은 논쟁의 패배에 대한 분노를 당신에게 쏟아낼 것이다.
누구든 논쟁이나 친구들과의 다툼에서 이기려고 해서는 안 된다.
논쟁은 인간관계에서 가장 좋지 못한 것이다.

“

싸움꾼들을 적절히 다루어라

”

6

싸움꾼들을 다루는 방법, 그것은 오직 한 가지 최고 기술이면 충분하다.

싸움꾼들을 다루는 최고의 기술은 그들과 싸우기를 거부하는 것이다.

싸움꾼들이 좋아하는 것은 오직 하나, 싸움을 하는 것이다.

만약 당신이 싸움꾼들과 싸움을 한다면 그것은 그들이 원하는 것을 들어주는 꼴이 된다. 그때 승자는 그들이 된다.

반면 싸움꾼들과의 싸움을 거부한다면 그들은 원하는 것을 얻지 못하게 된다.

결국, 당신이 승리자가 된다.

싸움꾼들은 상대하지 않는 것이 최선이다.

그러다 보면 침을 튀기며 열을 내는 그들이 어리석게 보일 것이다.

사람이 논쟁을 하거나 싸움을 하게 되는 이유는 자신의 입장에서만 생각하기 때문이다.

사람은 자신이 너무 소중한 나머지 자신의 입장에서만 모든 것을 판단하는 경향이 있다.

하지만, 만남과 관계에서 찬스를 만들어내려는 사람은 자신의 관점에서만 생각해서는 안 된다. 상대방의 처지에서 생각할 수 있어야 비로소 좋은 만남이 되고 그것이 찬스가 되기 때문이다.

사람들은 상대방의 처지에서 생각하고 행동하는 사람을 좋아한다. 그것이 곧 배려심이다.

다른 사람의 처지를 생각하는 사람은 이해심이 많은 것으로 생각되기 때문에 그를 만나면 방어심이 사라진다. 자신을 방어하지 않게 되니 상대방의 말이나 행동을 수용하게 될 가능성도 커진다.

결국, 상대방의 처지에서 생각하고 행동하는 배려가 내 생각과 행동을 상대방이 받아들이게 한다.

적극적으로
경청하라

5

좋은 경청자가 되는 기술

- 말하는 사람을 바라보고 그들에게서 시선을 떼지 마라
- 말하는 사람 쪽으로 몸을 기울여라
- 적절히 질문하라
- 말하는 사람의 주제에 집중하고 방해하지 마라
- 상대방에게 초점을 맞추어라

이미 살펴보았듯이 사람들은 다른 사람보다 자기 자신에 대해 훨씬 더 많은 관심을 기울인다.

이야기를 들을 때에도 자신과 관련된 이야기를 듣기 좋아하며 말을 할 때에도 자신과 관련된 것이 화제의 중심이 되기를 바란다.

바로 이런 이유 때문에 사람은 자신의 이야기를 열심히 잘 들어주는 훌륭한 경청자에게 호감을 느끼게 된다.

좋은 경청자는 사람들의 애정을 얻고자 꼼꼼하게 준비한다.

먼저 경청을 잘하는 사람들은 다른 사람의 이야기를 듣기 위한 마음의 준비를 한다.

자기를 표현하겠다는 욕심을 버리고 상대방을 받아들일 준비를 하는 것이다.

그들은 상대방의 말을 자르지 않는다.

그리고 상대방이 가장 좋아하는 주제인 자기 자신에

대해서 말하는 것을 즐겁게 들어준다.

결코, 자신의 이야기를 하느라고 시간을 허비하지 않는다.

그래서 그들은 들어주는 것만으로도 훌륭한 사람이라는 인상을 얻게 된다.

다른 사람의 말을 더 잘 들어줄수록 더 현명하고, 더 친절하고, 더 말을 잘하는 사람이라는 평판을 얻게 되는 것이다.

진정으로 말을 잘하는 사람은 잘 들어주는 사람이다. 잘 들어야 잘 표현할 수 있기 때문이다.

TV프로그램의 MC 중에는 오랫동안 인기를 유지하고 있는 사람들이 종종 있다.

그런 사람의 공통점 중 하나는 바로 그들이 들어주기의 달인이라는 사실이다.

그들은 질문하고 듣는 역할에 익숙하다.

자기 이야기를 하는 것이 아니라 초대 손님의 숨어 있

는 이야기를 듣기 위해 그들이 말을 할 수 있도록 유도하고 배려한다.

시청자들이 원하는 것이 초대 손님의 숨은 이야기라는 사실을 알기 때문이다.

이것이 그들이 오랫동안 인기 있는 MC로 남아 있는 이유이다.

좋은 인간관계를 구축하고자 하는 사람이라면 다음을 잊어서는 안 된다.

사람들은 자신의 이야기를 들어주는 사람을 좋아한다.

사람들은 자신의 이야기를 열심히 들어주는 사람에게 고맙다는 생각을 한다.

사람들은 자신의 이야기를 잘 들어주는 사람의 인격은 훌륭하다고 느낀다.

삶에서 좋은 경청자가 되는 것보다 당신을 도울 수 있

는 것은 별로 없을 것이다.

좋은 경청자는 우연히 되는 것이 아니다.

관계의 법칙을 이해하고 훈련하는 시간이 필요하다.

이제 좋은 경청자가 되는 다섯 가지 방법에 대해서 알아보자.

이 다섯 가지 방법은 아주 특수한 원리가 아니라 기본적인 예의에 해당하는 것이다.

하지만, 세상에는 기본적인 것이 지켜지지 못하기 때문에 관계가 왜곡되는 경우가 많다. 기본적인 것만 지켜도 좋은 관계는 얼마든지 유지할 수 있고 멋진 찬스를 만들어갈 수 있다.

그리고 그 기본적인 것 중에서 상대방의 말을 귀담아 듣는 것만큼 상대방의 마음을 얻을 수 있도록 해주는 것도 없다.

“ 상대방이 이야기를 할 때는 그를 바라보라 ”

1

들어줄 만한 가치는 없어도 바라볼 만한 가치는 있다.
그들의 생각이 당신과 다르다고 해서 그 사람 자체가 틀린 것은 아니다.
사람마다 생각은 다를 수 있고 다른 것이 정상이다.
다른 것을 들어줄 수 있는 사람은 마음이 넓은 사람이다.
이때 들어준다는 최고의 표시는 바로 말하는 사람을 바라보는 것이다.
상대방의 이야기를 들을 때는 그를 쳐다봐야 한다.

"

말하는 사람 쪽으로 몸을 기울여라

"

2

상대방이 하는 이야기는 한마디라도 놓치지 않으려는 사람처럼 보여라.

그렇게 보이는 좋은 방법은 말하는 사람 쪽으로 몸을 기울이는 것이다. 의자를 앞으로 당겨서 앉거나 몸을 앞으로 기울여서 상대방의 이야기에 집중하라.

이때 상대방은 당신이 자신의 이야기에 관심 있어 한다는 것을 느끼게 된다.

그런 의사를 느낄 때 호감이 생긴다.

당신 또한 그런 행동을 통해서 상대방의 말을 더욱더 잘 이해할 수 있게 될 것이다.

“

질문하라

”

3

질문은 말하는 사람으로 하여금 당신이 열심히 듣고 있다는 사실을 인지하게 한다.

잘 듣지 않는 사람은 질문할 수 없다.

관심이 없는 사람도 질문할 수 없다.

질문은 그것에 대해서 관심이 있고 잘 듣고 있음을 암시하는 최고의 징표다.

그런 의미에서 질문하는 것은 최고의 인사치레이기도 하다.

질문을 받는 사람보다는 하는 사람이 되어야 한다.

“

말하는 사람의 주제에 집중하고 방해하지 마라

”

4

당신이 얼마나 새로운 이야기를 꺼내고 싶은지 간에, 상대방이 끝내기 전까지는 그의 말을 자르지 마라.

사람은 자기 이야기를 하고 싶은 욕구가 있다.

당신이 말을 하는데 누군가 끼어들었다고 생각해보자. 기분이 어떨까?

상대방도 마찬가지다.

자신을 표현하고 싶은 욕구를 누군가 방해한다면 그 욕구는 충족되지 못한다.

욕구의 만족을 방해한 그 사람에 대해서 좋은 감정을 가질 리 없다.

“

상대방에게 초점을 맞추어라

”

5

'당신, 당신의' 라는 말을 사용하라.

만약 당신이 '내가, 나의, 나를, 나의 것' 이라는 말을 사용하면 당신은 말하는 사람으로부터 당신에게로 초점을 바꾸는 것이 된다.

그것은 말하는 것이지 듣는 것이 아니다.

우리는 대화를 하면서 끊임없이 자기 이야기를 하고 싶은 욕망을 느낀다. 그래서 '내가' 라는 말이 주어가 된다.

그 순간 상대방은 객체가 되고 소외된다.

항상 상대방에게 초점을 맞춰야 함을 잊어서는 안 된다.

대화를 하다 보면 우리가 얼마나 상대방의 말을 자주 자르는지를 발견할 수 있다.
상대방이 말을 하는 도중에 그것에 대해서 반론하고 싶은 생각이 드는 경우가 많다.
상대방의 말을 들으면서 그것을 통해 새로운 아이디어가 생기거나 반론하고 싶은 내용이 생각나기 때문이다.
사실 상대방의 말은 너무나 길어서 말을 자르지 않으면 언제까지 들어주어야 할지 막막하다는 생각이 들 때도 있다.
그래도 인내심을 좀 더 가지고 더 열심히 들어줄 필요가 있다. 그렇게 상대방의 말을 끝까지 들어주면 상대방은 스스로 말을 아주 많이 했다는 사실을 발견하게 된다.
그리고 자신의 장황한 이야기를 끝까지 들어준 사람에게 미안하다는 생각과 고맙다는 생각을 하게 된다.
들어주는 것만으로도 상대방에게 좋은 인상을 줄 수 있는 것이 이런 이유 때문이다.

상대방이 원하는 것에 집중하라

6

사람을 움직이는 기술

- 상대방을 움직이고 싶으면 상대방이 원하는 것이 무엇인지 알아야 한다
- 그들에게 질문하거나 그들의 행동을 지켜보라
- 상대방이 원하는 것이 무엇인지를 연구하는 데 시간과 노력을 투자하라

상대방이 원하는 것을 해주고 싶다면 가장 먼저 해야 할 일은 무엇일까?

그것은 상대방이 원하는 것이 무엇인지를 알아내는 일이다.

마찬가지로 상대방의 마음을 움직이고 싶다면 가장 먼저 무엇을 해야 할까?

당연히 상대방의 마음을 움직이게 하는 것이 무엇인지를 알아내는 것이다.

상대방이 무엇을 원하는지 알게 되면 비로소 무엇을 해야 할지 알 수 있게 된다.

상대방을 움직이게 하는 것이 무엇인지를 알게 되었을 때 그들을 움직일 수 있는 것이다.

그때야 비로소 우리는 찬스를 얻게 된다.

사람은 모두 다르다.

각자 다른 것을 좋아하고 다른 사물에 다른 가치를 부여한다.

어떤 사람은 고양이를 좋아하지만 어떤 사람은 고양이를 혐오한다.

어떤 사람은 꽃을 좋아하지만 어떤 사람은 꽃가루 알레르기가 있을 수도 있다.

따라서 당신이 좋아하고 추구하는 것을 다른 사람들도 좋아하고 추구할 것이라고 착각하는 우를 범해서는 안 된다.

다른 사람들이 좋아하고 원하는 것을 찾아야 한다.

상대방이 원하는 것이 무엇인지를 알게 되면 상대방이 듣고 싶어 하는 말, 알고 싶어 하는 것에 대해서 이야기할 수 있게 된다.

그러려면 상대방이 나에게서 듣고 싶어 하는 이야기가 무엇인지 알아내는 것이 중요하다.

그가 당신이 원하는 것을 가지고 있다면 그가 원하는 것을 당신이 먼저 주면 된다.

이것은 영향력 있는 사람들만이 알고 있는 중요한 비밀이다.

이것은 당신이 말을 통해 원하는 것을 정확하게 얻어내는 방법을 알려준다.

예를 들어 당신이 고용주이고 당신을 위해서 일할 기술자 한 명을 채용하려고 한다고 하자. 그런데 이 기술자는 이미 다른 여러 회사와 교섭을 하고 있는 중이다.

여기서 '상대방이 원하는 것이 무엇인가를 찾아라.'는 법칙을 적용시켜보자.

당신은 먼저 그 기술자가 어떤 환경에서 어떤 지위를 가지고 어떤 부서에서 근무하고 싶어 하는지를 먼저 알아야 한다.

그리고서 그가 빠른 승진을 원한다면 당신이 어떤 승

진기회를 제공할 수 있는지를 알려주면 된다.

그가 안정적인 고용을 원한다면 그에 대한 보장을 해주면 되고, 새로운 부서에서 근무해보기를 원한다면 그런 부서에 배치할 것을 보장해주면 된다.

그가 원하는 것을 당신의 회사에서 제공할 수 있다는 믿음을 준다면 그를 당신의 회사로 데려올 수 있을 것이다.

이 과정의 핵심은 그들이 원하는 것이 무엇인지를 찾아내서 그들에게 원하는 것을 얻을 수 있음을 알려주는 것이다.

이번에는 반대로 생각해보자.

당신이 원하는 회사에 지원을 한다고 가정해보자.

당신은 회사가 원하는 것을 채워줄 수 있다는 것을 보여주고자 회사에서 요구하는 능력이나 자질이 무엇인지를 찾아내야 한다.

그리고 그런 능력을 갖추고 있다는 사실을 보여주어

야 한다.

만약 회사에서 고객 상담을 잘할 수 있는 사람을 찾고 있다면 당신이 그런 능력을 갖추고 있음을 보여주거나 그 일을 수행할 경험과 의지가 있다는 것을 알려주면 된다.

우리는 상대방이 원하는 것이 무엇인지를 알고 난 후에야 상대방이 원하는 것을 해줄 수 있다.

상대방이 원하는 것을 먼저 알아야만 그것을 줄 수도 있음을 잊어서는 안 된다.

상대방이 원하는 것이 무엇인지를 아는 방법은 그들에게 질문하고, 그들이 하는 행동을 지켜보고, 그들이 평소에 하는 말을 유심히 듣는 것이다.

때로는 상대방이 원하는 것을 금방 찾아낼 수 없는 일도 있다.

그래서 시간과 노력이 필요한 것이다.

그러다 보면 언제든 찬스는 오기 마련이다.

질문은 삶의 영역에서 아주 중요한 부분을 차지한다.

우리는 질문을 통해서 상대방의 감정을 알 수 있고, 좋아하는 것이 무엇인지 알 수 있으며, 무엇이 중요하고 필요한지를 알 수 있다.

질문은 그 속에 답을 가지고 있다.

질문을 하면 답이 나오기 때문이다.

우리가 상대방에게 질문하면 상대방은 그 답을 돌려준다.

우리가 자신에게 질문하면 자신이 그 답을 찾아낸다.

그러므로 상대방과 자신에게 적절히 질문할 수 있어야 한다.

질문을 통해서 우리는 필요한 정보를 얻고 원하는 것을 얻는 방법을 알게 된다.

질문을 생활화하자.

관계가 능숙한 사람들은 모두 질문의 달인들이다.

인용하듯 전달하라

7

인용의 기술

■ 자기 자신에게 이익이 되는 이야기를 스스로 주장해서는 안 된다

■ 제3자의 입을 빌려 말하라

■ 다른 사람의 말을 인용하고 기사와 통계들을 활용하라

만약 누군가가 자신에게 유리한 이야기를 열심히 늘어놓고 있다고 하자.

이때 그것을 듣는 사람들은 어떤 생각이 들까?

아마 말하는 사람의 의도를 의심하거나 속을지도 모르니까 조심해야겠다는 생각이 들 것이다.

반대로 당신이 자신의 이익을 위해서 어떤 말을 할 때 그것을 듣는 사람의 마음은 어떨까?

당연히 의심스러운 생각이 들 수밖에 없다.

이것은 사람의 기본적인 본성이다.

자기 입으로 자신에게 유리한 이야기를 하는 사람은 단순한 사람이다.

아무도 믿지 않는 이야기를 열심히 떠들어봤자 이득은 아무것도 없다. 에너지만 낭비할 뿐이다.

상대방은 당신의 이야기를 믿지 않을 것이고 당신은 성과 없는 입씨름에 지쳐갈 것이다.

찬스를 만들어가는 사람이 있는가 하면 있는 찬스마

저도 무산시켜버리는 사람이 있다.

자기 입으로 자기에게 유리한 말을 하는 사람이 바로 있는 찬스마저도 무산시키는 사람이다.

여기 당신에게 유리한 이야기를 해야 할 때 상대방이 전혀 의심하지 않도록 하는 방법이 한 가지 있다.

그것은 당신이 직접적으로 그것을 표현하는 것이 아니라 다른 사람의 말을 인용하듯 말하는 것이다.

다른 사람의 말을 인용하듯 말하면 당신이 한 말은 당신이 아닌 다른 사람 즉 제3자가 했던 말처럼 들리게 된다. 물론 그 제3자가 그 자리에 있을 필요는 없다.

그냥 그렇게 말했던 제3자가 존재한다는 것만을 확인시켜주면 된다.

예를 들어 만약 당신이 판매하는 제품이 얼마나 오랫

동안 사용할 수 있는 것인지에 대해 질문을 받게 된다면 이렇게 말해야 한다.

"우리 옆집 이웃이 이 제품을 4년 전에 구입해서 사용하고 있는데 지금도 아주 상태가 좋다고 하더군요."

결과적으로 그 이웃은 지금 옆에 없지만 당신을 위해서 질문에 대신 답변하는 역할을 하게 된다.

이런 답변을 들은 사람은 당연히 그것을 믿을 만한 정보라고 생각하게 될 것이다.

이번에는 당신이 새로운 직장에 지원했는데 진취적인 고용주가 당신이 그 일을 할 수 있는지를 의문스러워한다고 가정해보자.

이때 당신이 해야 할 것은 무엇일까? 잘할 수 있다고 큰소리로 말하는 것일까? 그렇지 않다.

가장 좋은 방법은 옛 고용주들이 당신의 능력에 대해

서 얼마나 만족하고 신뢰하고 있는지를 이야기하는 것이다.

만약 당신이 아파트를 임대하려고 하는데 아파트를 보러 온 사람들이 얼마나 조용한지에 의문을 품는다면 어떤 이야기를 해야 할까?

당연히 지난 임차인들이 얼마나 조용한 아파트에 만족스러워했는지를 이야기해주면 된다.

이제 당신은 질문이나 의문에 직접 대답해서는 안 된다. 당신의 이웃, 당신의 옛 고용주, 당신의 지난 임차인들이 당신을 위해 대답하도록 해야 한다.

이렇게 제3자를 통해서 당신의 이야기를 전달하면 당신이 직접 대답해주는 것보다 훨씬 좋은 인상을 주게 될 것이다.

당신은 모든 질문에 직접 대답할 필요가 없다.

옛 구매자들과 이웃, 예전에 당신과 관계를 맺었던 사람들의 입을 통해서 상대방의 의심을 풀어주면 된다.

상대방은 당신의 직접적인 이야기보다 그들의 이야기에 훨씬 더 공감할 것이다.

사람들이 제3자를 통한 간접적인 전달에 대해서 어떤 의문도 품지 않는다는 것이 이상하게 느껴질지라도 그것은 분명한 사실이다.

당신에게 유리한 이야기를 해야 할 때 제3자의 입을 빌려서 상대방을 설득시키는 것이 아주 유리하다는 사실을 잊어서는 안 된다.

그러므로 제3자를 통해서 말하라!

사람들의 말을 인용하라.

성공적인 이야기와 연관시켜라.

기사와 통계를 활용하라.

이른바 명강사라는 이야기를 듣는 사람들이 있다.
우리는 그들이 아주 말을 잘하는 달변가일 것으로 생각한다. 하지만, 전혀 그렇지 않다.
그들은 말을 아주 잘하는 사람이 아니라 적절한 사례들을 잘 찾아내서 소개해주는 사람들일 뿐이다.
명강사들은 '이렇게 해야 한다.' 라고 주장하는 것이 거의 없다. 대신 생활 속의 경험과 신문이나 TV 속의 재미있는 기사들을 적절히 찾아내서 보여주고 들려준다.
이런 사례들은 그들이 말하고자 하는 것들을 대신 들려줌으로써 이야기를 듣는 청중들의 저항감을 없애고 쉽게 받아들일 수 있도록 유도한다.
무엇인가를 주장함에 있어 자기 입으로 그것을 말하면 듣는 사람들의 처지에서는 거북하게 들릴 수 있다.
그렇지만 그것이 생활 속의 재미있는 이야기라면 그리고 그것을 통해서 메시지를 이해하게 된다면 자연스럽게 주장을 받아들이게 된다. 이것이 인용하는 것의 힘이다.

Yes 질문법을 사용하라

8

'Yes'를 얻어내는 기술

- 상대방이 'Yes'라고 말할 수밖에 없도록 이유를 제시하라
- 예스 질문법을 사용하라
- 두 개의 예스에 대한 선택권을 주라
- 당신이 예스라는 말을 기대하고 확신하고 있음을 느끼게 하라

다른 사람들의 입에서 내가 원하는 대답 즉 'Yes'라는 대답이 나오도록 하려면 어떻게 해야 할까?

사람들이 'Yes'라고 말하게 되는 것은 운이 작용하는 것일 수 있고 상대방의 변덕에 의존하는 것일 수도 있다.

하지만, 그런 운이나 변덕에 의존하기에는 우리가 하는 일이 너무나 중요하다. 소중한 우리의 일과 삶을 운에 의존할 수는 없다.

우리가 하는 일들은 대부분 상대방으로부터 어떤 대답을 듣느냐에 따라 성공과 실패가 좌우된다. 그러므로 상대방으로부터 긍정적인 대답을 얻어낼 수 있는 충분한 준비를 해야 한다.

인간관계에 대해서 훈련받은 사람들은 상대방으로부터 'Yes'라는 대답을 얻어내는 다양한 기술과 방법들을 가지고 있다.

그리고 그중 핵심은 상대방이 'Yes'라고 말할 수밖에 없는 분위기를 만드는 것이다.

상대방이 'Yes' 라고 말하는 순간 우리는 찬스를 만드는 사람이 된다.

이제 상대방이 긍정적인 대답을 할 수밖에 없도록 만드는 네 가지 구체적인 방법을 알아보도록 하자.

“

'Yes' 라고 말해야 하는 이유를 제시한다

”

1

이 세상의 모든 것은 어떤 이유가 있기 때문에 움직인다.
사람의 행동이나 말에는 어떤 이유가 숨어 있는 것이다.
따라서 상대방으로부터 어떤 행동을 기대한다면 그것을 해야만 하는 이유를 제시할 수 있어야 한다.
이때 당신이 상대방에게 제시한 이유는 그들에게 유익하며 이로운 것이어야 한다.
결코 당신 자신에게 이로운 것이라는 느낌을 주어서는 안 된다.
간단히 말하자면 상대방에게 그것이 얼마나 이익이 되는지를 알려주라는 것이다.

“ ‘Yes 질문법’ 을 사용하라 ”

2

상대방으로부터 ‘Yes’ 라는 말을 듣고 싶다면 그들의 마음속에 ‘Yes’ 라는 말이 나올 수밖에 없도록 분위기를 조성하면 된다.

이것은 그들에게 ‘Yes’ 라는 말이 자연스럽게 나올 수 있도록 두세 번의 질문을 하는 것이 핵심이다.

‘Yes’ 라고 말하는 분위기가 조성된 사람은 계속해서 ‘Yes’ 라고 말하게 된다.

예를 들면 이렇게 질문하는 것이다.

“가족들과 행복하게 지내는 것이 무엇보다 중요하시죠?”

(“Yes” : 당연히 상대방은 그렇다고 대답할 것이다.)

“돈을 많이 벌면 경제적으로도 정신적으로도 좀 더 풍요하게 살 수 있겠죠?”

("Yes" : 당연히 예스라고 대답할 것이다.)

이처럼 '예스 질문법'은 'Yes'라고 대답할 수밖에 없는 질문들을 던지는 방법을 말한다.
사람들의 마음속에 'Yes'라고 대답하는 분위기가 만들어지면 사람들은 점점 당신에게 'Yes'라고 말하게 될 가능성이 커진다.
이후에는 당신이 다른 질문이나 제안을 해도 'Yes'라고 대답할 가능성이 높아진다.

여기서 주의할 것은 확신을 갖고 예스 질문법을 사용해야 한다는 것이다.
질문을 하면서 과연 상대방이 'Yes'라는 대답을 할까 하는 의구심이 들어서는 안 된다.
당연히 'Yes'라고 대답할 것이라고 확신을 갖고 말해야 한다.
그래야 당신의 에너지에 이끌려 상대방도 'Yes'라는 말을 하게 된다.

다음으로, 당신이 해야 할 것은 상대방에게 '당신'이라는 말로 질문을 시작하고 질문을 하는 동안 확신하고 있다는 듯이 고개를 계속 끄덕이는 것이다.

"당신은 최고의 상품을 원하시죠? 그렇죠?"(고개를 끄덕이면서)
"당신은 안정된 미래를 원하시는 거죠? 그렇죠?"(고개를 끄덕이면서)

“

두 개의 ‘Yes’에 대한 선택권을 준다

”

3

두 개의 예스에 대해서 선택권을 주라는 것은 어느 쪽을 선택하든 모두 예스가 되는 질문을 하라는 뜻이다.

‘Yes’는 무엇인가를 할 것이라는 의미이고 ‘No’는 하지 않을 것이라는 의미이다. 상대방에서 무엇인가를 하지 않을 수 있는 틈을 주어서는 안 된다.

예를 들어 거래처에 중요한 제안들을 하면서 이렇게 말한다고 하자.

“저희 제안들을 받아주시겠습니까?”

이런 질문은 상대방에게 ‘NO’라고 말할 수 있는 선택권을 주는 질문이다.

이렇게 질문해서는 안 된다. 대신에

"우리 회사의 제안서들 중 어느 것이 가장 마음에 드십니까?"

라고 물어야 한다 그래야, 여러 개의 예스 중에서 선택권을 주는 질문이 된다.

마찬가지로 당신이 어떤 사람과 만나기 위해 약속을 정하고 싶다면 이렇게 질문하는 것이 좋다.

"오늘 저녁이 좋으시겠습니까, 아니면 내일 저녁이 좋으시겠습니까?"

이런 선택적인 질문을 들은 상대방은 자신에게 만나지 않을 수 있는 선택권이 있다는 사실을 생각하지 못한다.
자연스럽게 오늘 저녁이 좋은지 내일 저녁이 좋은지를 생각하게 되고 두 가지의 예스 중에서 하나를 선택할 가능성이 커진다.

상대방에게 예스나 노의 선택권 대신 두 개의 예스에 대한 선택권을 주는 질문을 훈련하는 것이 필요하다.

"흰색과 검은색 중 어느 것으로 하시겠습니까?"

"내일이나 화요일 중 어느 날에 시작하시겠어요?"

"신용카드로 하시겠어요, 아니면 현금으로 하시겠어요?"

이 방법은 언제나 쓸 수 있는 것은 아니지만, 잘 찾아보면 많은 경우에 활용될 수 있는 좋은 방법이다.

그리고 사람들에게 할 것인지 말 것인지의 선택권을 주는 것보다 두 개의 'Yes'에 대한 선택권을 주는 것이 훨씬 뛰어난 효과를 거두는 것을 확인하게 될 것이다.

“

당신이 ‘Yes’ 라는 대답을 확신하고 있음을 상대방이 느끼게 한다

”

4

당신이 ‘Yes’ 라는 대답을 확신하고 있다는 것을 상대방이 느낄 때 상대방은 자신도 모르게 ‘Yes’ 라는 말을 하게 된다.
사람들은 대부분 이래도 괜찮고 저래도 괜찮다는 식의 중립적인 입장에 서 있다.
중립적인 입장에서는 말하는 상대방이 어떤 확신을 하고 있느냐에 따라 그 사람이 원하는 쪽으로 따라갈 가능성이 크다.
따라서 당신이 ‘Yes’ 라는 대답에 대한 확신을 했음을 보여주기만 한다면 상대방은 자신도 모르게 ‘Yes’ 라고 긍정적인 대답을 하게 될 것이다.

이것은 놀라운 심리학적 발견이며 만남이라는 공간에서 당신에게 멋진 찬스를 만들어줄 것이다.

서로 기분이 좋은 관계에서는 'Yes' 라는 말이 많이 나온다. 의기투합이 잘 되고 손바닥이 마주치는 소리가 난다.
하지만, 소모적이고 문제가 있는 만남에서는 손바닥 마주치는 소리가 나지 않거나 엉뚱한 목소리만 크게 난다.
전문적인 상담 스킬 중에는 재진술이라는 것이 있다. 상대방이 말이나 질문을 한 후에 그것을 그대로 받아서 다시 확인하는 기술이다.
예를 들어 제품 포장상태가 불량임을 항의해왔을 때, "제품의 포장상태가 좋지 못했다는 말씀이시죠?"라고 확인하는 것이다. 이렇게 재진술을 하게 되면 상대방은 '바로 그 말이에요.' 라고 하거나 '정확히 그래요.' 라는 반응을 되돌려준다. 재진술은 상대방의 이야기를 잘 듣고 있음을 암시함과 함께 그 이야기를 충분히 수용할 준비가 되어 있다는 것을 느끼게 해준다. 덕분에 상대방은 나에 대해서 긍정적인 마음으로 접근할 수 있게 된다. 재진술은 긍정적인 대화의 구체적인 기술이다.

먼저
미소를 보여라

9

첫 만남의 기술

■ 최초의 만남에서 몇 초간이 인간관계의 질을 결정한다
■ 사람들은 상대방의 태도에 따라 자신의 태도를 결정한다
■ 눈이 마주친 순간 1, 2초 이내에 사람들에게
당신의 진실한 미소를 보여라
■ 말을 건네기 전에 미소를 보여라

인간관계의 핵심은 무엇일까?

그것은 서로 좋아하는 것에 있다.

좋아하는 사람의 부탁은 거절하지 않으며 좋아하는 사람의 어려움은 나의 어려움처럼 느껴진다.

그래서 좋은 인간관계의 핵심은 상대방에게 좋은 느낌을 줄 수 있느냐에 달려 있다.

그렇다면, 어떻게 해야 상대방에게 좋은 느낌을 줄 수 있을까?

당신의 내부에는 막강한 힘이 숨어 있어서 아주 빠른 시간 안에 만나는 사람들의 90%가 당신을 좋아하게 할 수 있다.

그것도 1초 안에 마치 마법처럼 정중하고 협력적이고 친절하게 만들 수 있다.

여기 그 중요한 방법이 있다

“

처음 만나는 순간이 중요하다

”

1

최초의 만남에서 몇 초간이 인간관계의 질을 결정한다는 것을 기억할 필요가 있다.

인간관계는 처음 만나는 순간 바로 그 깊이가 결정된다.

처음 눈빛이 교차하는 순간, 서로 얼굴을 바라보는 순간 상대방의 첫인상이 결정된다.

그래서 처음의 몇 초가 중요한 것이다.

그것을 잊어서는 안 된다.

"

사람은 상대방의 태도에 따라 반응한다

"

2

특별한 경우가 아니면 아무 이유도 없이 상대방이 싫어지는 경우는 없다. 처음 만났을 때의 태도에 따라서 싫어지기도 하고 좋아지기도 한다.

사람들은 다른 사람들의 친절함에 대해 민감하게 반응한다. 다시 말해 상대방의 태도에 따라 자신의 태도를 결정하는 경향이 있다.

따라서 눈이 마주친 순간 1, 2초 이내에 사람들에게 당신의 진실한 미소를 보여주어야 한다.

그러면 무슨 일이 일어날까?

상대방은 당신의 친절함에 화답할 것이다. 당신의 미소에 미소로 응답할 것이다.

모든 인간관계에는 분위기나 무드, 무대 같은 것이 존재한다. 이 기술은 당신이 분위기와 무드와 무대를 세팅하는 것과 같은 역할을 한다.
당신뿐만 아니라 다른 사람도 그것을 세팅할 수 있다. 당신이 현명한 사람이라면 상대방보다 먼저 자신에게 유리하도록 그것을 세팅할 것이다.

인간관계에서 비극적인 점 중 하나는 자신이 다른 사람들에게 주는 것을 그대로 다시 받게 된다는 사실을 모르고 있다는 것이다.
인간관계로 인해 스트레스를 받는 사람들은 항상 상대방이 문제가 있다고 말한다. 그러나 상대방이 하는 행동은 나의 행동을 그대로 반사하는 것일 뿐임을 알아야 한다.
상대방의 행동은 나의 행동을 비추는 거울이다. 만약 당신이 상대방에게 따뜻한 햇볕을 제공한다면 상대방도 똑같은 빛을 되돌려줄 것이다. 반대로 당신이 차가운 눈보라를 제공한다면 똑같은 눈보라를 되돌려받게 될 것이다.

당신의 태도가 상대방의 태도를 만든다는 사실을 잊어서는 안 된다.
상대방이 나를 향해 웃는 모습을 보고 싶다면 내가 먼저 상대방에게 웃음을 보여야 한다.

열쇠는 타이밍에 있다.
미소는 서로 말을 건네기 전에 눈이 마주치자마자 보내야 한다.
이것은 무대를 따뜻하게 만들고 친밀감 있는 분위기를 연출한다.

목소리의 톤과 표정 또한 중요하다.
그것들이 당신의 내면에 있는 생각들을 드러내기 때문이다.
태도는 마음을 보여주는 창과 같다.

사람들을 만나면 가장 먼저 미소를 보여주는 것을 잊지 마라.
"치즈-"
그것이면 된다.

미소는 상대방에게 호감을 가지고 있다는 징표다.
그래서 누군가를 만나면 얼굴을 보자마자 미소를 보여줄 수 있어야 한다.
서로 인사를 나누고 나서 미소를 보여주면 어색하게 느껴지고 뭔가 비웃는 것 같다는 생각이 들기도 한다.
그래서 미소는 얼굴을 보자마자 바로 보내야 한다.
그것은 연습되고 훈련되어 습관화되지 않으면 어려운 일이다. 아니 마음속에서 항상 미소를 머금고 살지 않으면 불가능할 것이다. 그래서 평소에 미소를 머금고 사는 것이 중요하다. 평소에는 웃지 않는 사람이 갑자기 웃으려니 어색하고 잘되지 않는 것은 당연하다. 다행히 미소와 웃음은 자연스럽게 연습될 수 있고 습관화될 수 있다.
즐거워서 웃음이 나오기도 하지만 웃음이 즐거운 마음을 만들기도 한다.
미소와 웃음이 습관이 되고 생활이 되도록 하자.
그것 자체가 인생의 훌륭한 보상이 된다.

구체적인 행동을 칭찬하라

10

칭찬의 기술

- 모든 사람은 칭찬 듣기를 좋아한다
- 칭찬은 진실해야 한다
- 사람을 칭찬하지 말고 구체적인 행동을 칭찬하라
- 하루에 세 사람에게서 칭찬할 점을 찾는 습관을 들여라

사람은 빵만으로는 살아갈 수 없다.

사람에게는 몸을 위한 음식뿐만 아니라 정신을 위한 음식도 필요하다.

정신을 위한 음식, 그것은 바로 칭찬이다.

친절한 말과 칭찬이 당신에게 어떤 기분을 주는지 생각해보자.

친절한 말과 칭찬이 당신을 하루 종일 기분 좋게 한 적은 없었는가?

친절한 말을 듣거나 어떤 일에 대해서 칭찬을 들었을 때 오랫동안 즐거운 마음으로 지낼 수 있었을 것이다.

당신뿐만 아니라 상대방도 마찬가지다.

모든 사람은 칭찬 듣기를 좋아한다.

그 때문에 칭찬을 들으면 같은 행동을 반복하게 된다.

그리고 그런 칭찬을 해준 사람을 좋아하게 된다.

칭찬을 했던 사람 또한 기분이 좋아지는 것은 물론

이다.

관계는 이렇게 만들어지는 것이다.

칭찬에 관대해져라.

주위 사람들에게서 칭찬할 것을 찾아라.

그것을 적극적으로 표현하라.

그러나 칭찬을 하기 위해서는 꼭 지켜야 할 몇 가지 룰이 있다.

“

칭찬은 진실해야 한다

”

1

진실하지 않은 칭찬을 해서는 안 된다.

그것은 사탕발림이고 거짓일 뿐이다.

사람의 마음을 움직이는 에너지가 없다.

그런 거짓은 언젠가 드러나게 된다.

못생긴 아이에게 '정말 예쁘구나!' 라고 말해도 듣는 부모들은 그것이 형식적인 인사라는 것을 알고 있다.

억지로 칭찬하려는 당신에 대해 좋게 생각하지 않을 것이다.

“

사람을 칭찬하지 말고 행동을 칭찬하라

”

2

행동을 칭찬하면 상대방이 난처해하거나 부끄러워하지 않고 칭찬을 편하게 받아들일 수 있게 된다.

그리고 그것이 훨씬 더 진실하게 들린다.

사람을 칭찬하게 되면 마치 아부를 하거나 무엇인가 목적이 있어서 칭찬하는 것처럼 보일 수 있다.

하지만, 행동을 칭찬하게 되면 그 사람이 아닌 행동에 주목하게 되기 때문에 그럴 위험이 적다.

그것은 똑같은 행동을 반복하게 한다.

칭찬은 동시에 격려가 되기 때문이다.

예를 들어,

"김 대리, 지난번에 자네가 했던 프레젠테이션은 정말 훌륭했어."라는 말은 좋은 칭찬이다.

반면 "김 대리, 자네는 참 좋은 사람이야."라는 말은 좋은 칭찬이라고 보기 어렵다.

마찬가지로 "이 과장님, 이번에 과장님이 제출한 보고서는 정말 훌륭했어요."라고 말하는 것은 구체적인 행동에 대한 칭찬이 된다.

"이 과장님, 과장님은 유능한 분이에요."라고 말하는 것은 구체적이지 않고 사람 자체를 칭찬하기에 자칫 오해받을 소지가 있다.

"정원을 정말 깔끔하게 가꾸어놓으셨군요."라고 말하는 것이 "정말 훌륭하시네요."보다 훨씬 나은 표현이다.

그러므로 구체적으로 칭찬하라.

하루에 세 사람에게서 칭찬할 점을 찾아서 말하라

3

여기 당신을 진정으로 행복하게 만들어주는 공식이 있다.

적어도 하루에 세 사람에게서 칭찬할 점을 찾아서 말해주는 습관을 들여라. 그런 후 당신이 한 행동에 대해서 어떻게 느껴지는지를 생각해보라.

이것이 당신만을 위한 행복의 공식이다.

당신이 다른 사람들에게 행복과 즐거움을 가져다주었다는 사실을 느낄 때 당신은 더 기분이 좋아지고 행복해진다.

받을 때보다 줄 때 더 큰 기쁨을 느낀다.

한번 해보라.

진실한 칭찬에는 상대방뿐만 아니라 자신도 행복하게 만들어주는 마법 같은 힘이 있다.

상대방을 칭찬하면 기분이 좋아진다.

이것은 확실한 진실이다.

상대방을 칭찬할 때 우리는 상대방의 약점이 아닌 장점에 집중할 수 있게 되고 더는 약점이 중요하지 않게 된다.

그래서 칭찬을 하면 좋은 모습을 보이고 기분이 좋아지는 것이다.

우리 자신에게 하는 칭찬도 마찬가지다.

자신에게 아무 칭찬이나 해보자. 구체적일수록 좋다.

자신을 칭찬하면 자신의 장점이 눈에 들어오고 약점도 별 것 아닌 것이 된다.

덕분에 자신에 대해서 긍정적일 수 있고 세상도 희망차게 보인다.

상대방과 자신에게 능숙하게 칭찬을 잘하는 사람들은 모두 낙천주의자들이거나 긍정주의자들이다.

칭찬이 그들을 그렇게 만든 것이다.

궁정적으로 충고하라

11

긍정적 충고의 기술

- 명령받고 지시받거나 비판 듣기를 좋아하는 사람은 아무도 없음을 기억하라
- 정중한 말과 칭찬으로 시작하라
- 사람이 아닌 행동을 지적하라
- 명령하지 말고 부탁하라
- 친밀한 대화로 마무리하라

살다 보면 상대방의 생각이나 행동이 잘못되었을 때 그것을 올바르게 바로잡아줘야 할 경우가 있기 마련이다.

이때 만약 당신이 명령하거나 지시를 해서 상대방의 자존심에 상처를 입힌다면 당신은 원하던 것을 얻을 수 없게 된다.

상대방을 깎아내려 스스로 만족감을 얻을 수 있을지 모르지만 상대방은 그런 당신에 대해 부정적인 감정을 품게 될 것이기 때문이다.

세상에 명령이나 지시, 비판 듣기를 좋아하는 사람은 아무도 없다.

다른 사람의 잘못을 지적하고 효과적으로 납득시킬 때 말하는 사람들의 마음가짐과 태도가 중요한 이유가 여기에 있다.

그러므로 상대방이 실수나 잘못을 했을 때 올바르게 납득시킬 수 있는 방법을 배워두는 것은 아주 중요하다.

충고에도 방법이 있다.

긍정적으로 충고하는 방법에 대해서 살펴보자.

"남들이 모르게 한다"

1

어쩔 수 없이 상대방의 실수나 잘못을 지적해야 한다면 다른 사람들이 모르게 해야 한다.

아무도 없는 조용한 곳에서 목소리를 높이지 않고 차근차근 이야기를 해야 하는 것이다.

절대 다른 사람들이 들을 수 있는 공개적인 장소에서 해서는 안 된다.

대중들 앞에서 자신의 치부를 드러내는 것을 좋아하는 사람은 아무도 없다.

요즘은 메일이나 문자 메시지를 통한 의사소통이 활발하니 이런 방법을 통해서 자연스럽게 전달하는 것도 좋은 방법이다.

“

정중한 말과 칭찬으로 시작한다

”

2

잘못을 충고하기 이전에 먼저 친밀한 분위기를 만들어서 충격을 완화해야 한다.

'열심히 해줘서 고맙다.' 혹은 '수고했다.'는 말로 분위기를 부드럽게 만드는 것이 좋다.

당신의 목적은 상대방이 잘못이나 실수를 고칠 수 있도록 돕는 것이지 상대방을 비난하거나 비판하는 것이 아님을 기억해야 한다.

그래서 최대한 분위기를 자연스럽고 친밀하게 만드는 것이 중요하다.

“

사람이 아닌 행동을 지적하라

”

3

행동을 지적해야지 사람을 지적해서는 안 된다.

행동을 지적받으면 행동 그 자체에 집중하기 때문에 자신의 자존심에 손상을 적게 입는다. 하지만, 사람 그 자체의 잘못을 지적하면 정신적인 충격을 받는다.

이런 충격은 방어심리로 이어져서 충고해주는 사람을 부정적으로 바라보게 한다.

그러므로 사람이 아니라 상대방의 구체적인 행동에 대해서 말해야 한다.

행동에 대한 지적은 구체적일수록 좋다.

“

대안을 제시하라

”

4

대안은 올바른 방향을 의미한다.

당신이 상대방의 잘못을 지적했다면 어떻게 하는 것이 올바른 것인지도 말할 수 있어야 한다.

대안 없는 비판은 사람을 깎아내리기 위한 것으로 오해받을 수 있다.

세상을 비판하는 데 익숙한 사람은 주위에 사람들이 모이지 않는다.

사람들이 모여도 비판에 익숙한 비슷한 사람들이 모여든다.

그들은 서로 영향을 받으며 비판만 하다가 시간을 소비한다.

좋은 비판자는 적절한 대안을 준비하고 있는 사람이다.

“

명령하지 말고 부탁하라

”

5

다른 사람들에게 명령하지 않고 부탁했을 때 당신은 더 큰 협력을 얻어낼 수 있다.

그런데도 사람들은 부탁하지 않고 명령한다.

명령하기가 더 쉽고 편하기 때문이다.

하지만, 결과는 그렇지 않다.

명령은 최종수단일 뿐이다.

정중히 부탁하고 협조를 약속받아라.

상대방과 개인적인 약속임을 강조하라.

“

한 번만 지적한다

”

6

잘못한 일에 대해서는 한 번만 지적해야 한다.

여러 번 같은 일에 대해서 말하는 것은 잔소리에 불과하다.

아무리 좋은 말이라도 여러 번 들으면 좋게 들리지 않음을 기억하라.

정당한 지적은 단 한 번만 정당화된다.

아이들은 공부하라는 말을 지겹도록 듣는다. 부모들은 꼭 필요한 말이라고 생각하지만 아이들에게는 잔소리로 들린다.

아이들에게 공부하라고 말할 때는 조용히 ‘공부할 시간이야’ 라고 한 번만 말하면 된다.

그리고 시간을 두고 기다리면 아이는 잠시 후 자신이 할 일이 있음을 알고 방으로 들어갈 것이다.

“ 친밀한 대화로 마무리한다 ”

7

“우리는 같은 배를 탄 동료입니다. 함께 문제를 해결하고 서로 도우려는 노력이 중요합니다.”라는 말로 긍정적으로 마무리하는 것이 중요하다.

“도대체 몇 번을 말해야 알아듣겠어? 다음부터 주의해. 지켜보겠어.”라는 말로 끝내서는 안 된다.

이것은 7가지 방법 중에서도 가장 중요한 것이다.

친밀하고 다정하게 마무리하지 않으면 지금까지의 모든 것이 강요 혹은 비판으로 느껴지기 때문이다.

좋은 코치는 함께하자고 격려하는 사람이지, 하라고 지시하는 사람이 아니다.

인간관계의 최악은 충고에서 발생한다.

충고라는 말은 상대방의 생각이나 행동이 나의 마음에 들지 않을 때 하는 것이기 때문이다.

내 마음에 들지 않을 때 충고한다.

상대방도 마찬가지다. 자기 마음에 들지 않기에 충고한다.

그런 충고를 받는 사람의 기분은 어떨까?

자신이 뭔가 크게 잘못했다는 생각이 들거나 별것 아닌 걸로 왜 나를 공격하는 걸까 하는 부정적인 생각이 든다.

부정적인 대화를 나눈 사람들이 호감을 느끼게 되는 법은 없다.

그러므로 충고는 만남의 기술에서 절대 피해야 할 최악의 것이다.

충고를 피하라.

어쩔 수 없이 충고를 해야 한다면 최고의 기술을 발휘하라.

대안을 제시하면서 '우리 이렇게 한번 해봐요.' 라고 청유형으로 말하라.

절대 개인적으로 지적받는다는 느낌이 들도록 해서는 안 된다.

모두에게 문제가 있으며 그것을 함께 해결한다는 느낌이 들도록 해야 한다.

그런데 이것 또한 충고를 하지 않는 것만 못하다.

'감사합니다.' 라고 말하라

12

감사를 표현하는 기술

- 진심으로 감사하라
- 명확하고 분명하게 말하라
- 상대방의 눈을 보고 이름을 부르며 감사하라
- 일상에서 감사할 기회를 찾아라

다른 사람들에게 도움을 받았거나 도움을 받은 적이 있다면 당연히 고마운 마음을 전해야 한다.

단지 고맙고 감사하다고 마음속으로 생각하는 것만으로는 충분하지 않다. 그럴 가치가 있는 사람에게는 반드시 고맙고 감사한 마음을 보여줘야 한다.

우리는 감사하다는 마음으로도 충분하다고 생각하는 경향이 있다. 하지만, 우리가 감사한다는 것을 표현하지 않으면 상대방이 우리가 감사하고 있다는 사실을 알 길이 없다.

설사 상대방이 우리의 마음을 안다고 하더라도 감사하다는 말을 귀로 직접 듣는 것과 그렇지 않은 것은 전혀 다르다.

귀로 들었을 때 추측이 확신이 되기 때문이다.

사람들은 자신에게 고마움과 감사함을 표현하며 마음을 보여주는 사람들을 좋아한다.

감사의 말을 들으면 기분이 좋아지는 것은 인간의 본

성이다.

만약 당신이 감사하고 있다는 사실을 다른 사람들이 알 수 있도록 표현한다면 그들은 당신을 또다시 만나고 싶어할 것이다.

반대로 만약 당신이 감사한다는 것을 보여주지 않는다면 그들을 다시 만날 기회를 상실하거나 그럴만한 가치가 없는 존재로 취급받게 될 것이다.

그래서 '감사합니다.' 라는 말을 표현하는 것이 중요한 것이다.

'감사합니다.' 라고 말하는 것에도 중요한 기술이 필요하다.

“

진심으로 ‘감사합니다.’ 라고 말한다

”

1

사람들에게 감사를 표현할 때는 진실해야 한다.
당신이 진심으로 감사하게 생각할 때 사람들은 그것을 알아차릴 것이다.
당연히 사람들은 진심인지 아닌지도 쉽게 알아차릴 것이다.
왜냐하면, 감사를 표현할 때의 태도와 에너지가 그것을 드러내기 때문이다.
진실은 어디서나 힘이 센 법이다.
진실한 마음으로 ‘감사합니다.’ 라고 말하는 것은 찬스를 만드는 마법 같은 것이다.

“

명확하고 분명하게 말해야 한다

”

2

사람들에게 감사할 때 머뭇거리거나, 속삭이거나, 분명치 않게 발음해서는 안 된다.

그렇게 되면 감사함의 에너지가 전달되지 않는다.

감사하다고 말할 수 있게 되어서 아주 기쁘다는 의사가 상대방에게 전달될 수 있어야 한다.

그러므로 명확하고 분명한 목소리로 감사하다고 말해야 한다.

“

상대방의 얼굴을 바라보라

”

3

이것은 단순히 상대방의 얼굴을 바라보는 것 이상을 의미한다.

상대방의 얼굴을 보고 눈을 바라보며 말을 할 때 당신이 진심으로 감사해한다는 마음이 전달된다.

만약 당신이 상대방의 얼굴이나 눈을 바라보지 않고 땅을 보거나 다른 곳을 보면서 감사하다고 말했다고 생각해보자.

감사의 뜻이 전혀 전달되지 않는다는 느낌을 받을 것이다.

감사할 가치가 있는 사람들은 바라볼 가치도 있음을 잊어서는 안 된다.

"이름을 부르면서 감사함을 표현하라"

4

이름을 통해서 당신의 감사를 개인화하라.

상대방의 이름을 부른다는 것은 상대방 한 사람에 대해서 감사한다는 사실을 직접적으로 느끼게 해준다.

"고마워요."라고 말하는 것과 "김 대리, 오늘 고마웠어요."라고 말하는 것은 아주 큰 차이가 있다.

이름은 그 사람만이 가진 고유한 것이다.

이름을 부른다는 것만으로 그의 존재를 인정한다는 의미가 된다.

“

감사할 기회를 찾아라

”

5

당신의 진실한 마음을 보여줄 기회를 찾아라.
보통사람들은 눈에 보이는 것에 감사하지만 비범한 사람들은 눈에 보이지 않는 것에도 감사한다.
즉 언제나 감사할 수 있는 것들을 찾아낸다.
눈에 보이는 직접적인 도움에 대해서는 누구나 감사하다고 말할 수 있다.
그러나 눈에 보이지 않는 부분까지 찾아내고 감사를 표현하는 것은 아무나 할 수 없다.
눈을 크게 뜨고 관심을 두고 보면 세상에는 감사해야 할 것들이 너무나 많음에 놀라게 될 것이다.

인간관계에서 사람들에게 적절하게 감사할 수 있는 능력보다 더 중요한 것은 별로 없다.
그리고 이것은 조금만 신경을 쓰고 연습하면 누구나 익히고 실천할 수 있는 것들이다.
더욱 훌륭한 인간관계를 만들려면 자연스럽게 진심으로 감사하다고 말할 수 있는 표현능력을 기르는 것이 아주 중요하다.

이것은 당신이 인생을 살아가는 데 중요한 자산이 될 것이다.

요즘은 e메일이 생활의 중요한 수단이 되었다.
일상적인 친구 사이뿐만 아니라 비즈니스 관계에서도 빈번하게 사용된다.
메일의 내용을 읽다 보면 끝 부분에 '감사합니다. 건강하세요.' 라는 말을 붙이는 경우가 많다는 것을 발견하게 된다.
그런 메일을 다 읽고 나면 기분이 좋아진다.
감사하다는 말의 힘 때문이다.
거기에 좀 더 구체적이고 적극적으로 찬스를 만드는 사람들은 한술 더 뜬다.
'바쁘신 중에도 시간을 내주신 점 감사드립니다.'
'끝까지 읽어주셔서 감사드립니다.'
'여유가 있는 사람은 행복하다고 합니다. 오늘 저에게 그 여유를 생각하도록 도와주신 점 감사드립니다.'
이렇게 구체적으로 감사의 마음을 전한다.
이럴 때 감사의 인사가 형식적인 것이 아니라 진실한 것임을 느낀다.

상대방에 대한 호감이 커지고 자신에 대해서도 자부심이 강해진다.

그러므로 구체적으로 감사해야 한다.

상대방이 느낄 수 있도록 구체적인 행동과 사실을 언급하고 그것에 감사하는 것이다.

구체성에 힘이 있다.

자신을 존중하라

13

스스로 가치를 높이는 방법

- 진실하라
- 열정을 보여주라
- 지나치게 걱정하지 마라
- 다른 사람을 깎아내리거나 비난하지 마라

우리의 사회적 관계들은 모두 '낯섦' 에서 시작한다.

태어날 때부터 알고 지내던 사람은 없다.

모두 '처음 만남' 이라는 것을 통해서 서로 알게 되고 사귀게 되고 관계를 유지하게 된다.

그래서 처음 만났을 때 상대방이 나에게 어떤 느낌을 가지느냐가 중요하다.

처음 만났을 때는 서로 잘 모르는 사이이기 때문에 첫인상에 따라 관계가 좌우된다.

처음 만나는 자리에서 상대방은 나의 첫인상을 보고 어떤 결정을 한다. 그 첫인상은 내가 상대방에게 보여주는 것이기도 하다.

따라서 상대방에게 좋은 인상을 주고 싶거나 다시 만나고 싶은 사람이라는 느낌을 주기 위해서는 내가 그럴 만한 사람임을 보여주어야 한다.

여기서 자기 스스로에 대한 존중감이 아주 중요하게 작용한다.

자기 자신에 대한 상대방의 평가는 스스로가 자신을 어떻게 대하느냐에 따라서 결정되기 때문이다.

스스로 좋아하고 존중하는 만큼 상대방도 나를 좋아하고 존중한다.

다른 사람들에게 좋은 영향을 미칠 수 있도록 자기 자신을 좋아하고 존중하는 것이야말로 삶의 질을 좌우하는 중요한 일이다.

만약 사람들이 당신을 좋게 생각하고, 존중하고, 존경하기를 원한다면 당신은 그들에게 당신이 그럴만한 가치가 있음을 보여주어야 한다.

이것은 당신 스스로 결정한 자신의 가치에 의해서 결정된다.

당신 자신을 존중하라(비록 확신하지는 못할지라도).

당신의 존재 자체, 당신이 해놓은 일, 당신이 일하는

직장을 자랑스럽게 생각하라.

당신의 지금 상황이나 당신 자신에 대해서 절대 부끄러워하지 마라.

당신은 당신 자신이고, 당신을 자랑스럽게 생각하고 존중할 권리가 있다.

예를 들어 사람들이 당신의 직업이 무엇이냐고 물어오면 그들에게 어떻게 대답할 것인가?

당신이 보험회사 직원이라고 가정한다면 어떻게 대답하는 것이 좋을까?

"그냥 보험설계사 일을 하고 있습니다."

이런 대답을 들은 상대방은 아무런 감명도 느끼지 못할 것이다. 왜냐하면 당신이 그들에게 보잘것없는 것처럼 자신을 소개했기 때문이다.

이번에는 자신을 좋아하고 존중하는 태도로 대답을 해보자.

"아주 멋진 일을 하고 있습니다. 보험설계사 일인데 사회적인 위험들로부터 사람들의 안전을 책임지는 중요한 일이지요. 저는 이 일이 너무 좋고 보람 있어 날마다 행복하답니다."

아마 당신은 다른 사람들의 마음속에 특별한 가치가 있는 사람으로 기억될 것이다.

자신이 어떤 사람으로 기억될 것인가는 자신을 대하는 태도에 달렸다.

다음으로, 자신의 가치를 높일 수 있는 몇 가지 방법에 대해서 알아보자.

“
진실하라
”

1

싸구려 아첨과 헛된 약속들과 의미 없는 말들은 집어치워라.
당신이 진정으로 믿는 확실한 것에 대해서만 말하라.
자신이 하는 말을 스스로 인정할 수 있고 확신할 수 있어야 한다.
자신을 속이는 사람이 자신을 존중할 수는 없다.
그러므로 모르는 것은 모른다고 말하고 필요하다면 연구를 해서 알려주겠다고 말해야 한다.
그것이 모르는 것을 억지로 추측해서 말하려는 것보다 훨씬 진실하고 올바른 방법이다.

열정을 보여주라

2

상대방에게 당신이 얼마나 열정적인 사람인지를 보여주라.
이것은 당신이 스스로 가치를 알림으로써 얻을 수 있는 최고의 자산이다.
열정은 전염되는 것이다.
상대방은 당신의 열정을 보고 당신이 하는 일과 상품에 관심을 두게 된다.
사람들은 열정적인 사람을 좋아한다.
열정적인 사람을 만나면 자신도 열정적인 것처럼 느껴지기 때문이다.
열정은 기회의 문을 여는 멋진 열쇠가 된다.

“지나치게 걱정하지 마라”

3

사람들과 만날 때 지나치게 걱정하는 모습을 보여서는 안 된다.
당신이 지나치게 걱정하고 있는 모습을 보면 상대방도 불안한 마음이 된다.
지나친 걱정은 사람들을 두려워하게 만들고 당신에게 의문을 품게 한다.
의문을 품은 사람들은 좀 더 엄격한 조건을 내세우게 된다.
연기력이 뛰어난 배우처럼 당신의 불안을 최대한 감추어라.
지나치게 걱정이 많고 불안에 떠는 사람은 열린 기회의 문을 스스로 닫아버리는 부정적인 사람이 된다.

“

다른 사람을 깎아내려서 자신을 돋보이게 하지 않는다

”

4

항상 자신의 장점 위에 자신을 세워야 한다.
다른 사람을 나쁜 사람으로 만들어 자신을 좋게 보이려 해서는 안 된다.
삶은 자신의 노력과 가치로 결정되는 것이다.
다른 사람들의 머리를 밟고 달릴 수는 없는 노릇이다.
당신의 장점을 지킬 수 있을 때 스스로 돋보이게 할 수 있다.
당신이 좋게 보이고자 다른 사람들을 깎아내렸을 때 강조되는 것은 당신이 아니라 오히려 그들이다.

“

다른 사람이나 다른 회사의 제품들을 비난하지 않는다

”

5

어떤 것을 비난하는 것은 올바른 행동이 아니지만, 그것이 다른 사람을 비난해서는 안 되는 주된 이유는 아니다.

그 주된 이유는 비난이 부메랑이 되어 돌아와 자신을 다치게 하기 때문이다.

사람들은 비난하는 말을 들으면 비난하는 사람의 인격을 의심하는 경향이 있다.

비난은 자신의 내면상태를 드러낸다.

모든 것을 부드럽게 표현하고 받아들여라. 절대 비난하지 마라.

좋게 말할 수 없다면 차라리 침묵을 지켜라.

다른 사람을 비난하거나 깎아내리면 자신을 발견할 수 없게 된다.

문제에 직면했을 때 우리가 무엇에 집중하느냐에 따라 문제를 개선할 수도 있고 더 큰 문제를 일으킬 수도 있다.

이때 상대방에게 집중한다면 상대방의 잘못된 점이나 실수가 눈에 보일 것이다. 상대방은 문제의 원인이 되거나 변화시켜야 할 대상이 된다.

반대로 자기 자신에게 집중한다면 스스로 문제나 실수를 발견하게 된다. 상대방이 문제가 아니라 자신이 문제라는 것을 알게 되는 것이다. 그러면 충고하거나 비난해야 할 이유가 사라진다.

자신을 변화시키면 되기 때문이다.

이것이 문제를 풀어내는 효과적인 방법이다. 상대방을 바꾸기는 어렵고 자신을 바꾸기는 쉽기 때문이다.

문제에 직면했을 때 자신을 먼저 보는 훈련을 해야 한다.

그 과정을 통해서 사람은 발전한다.

효과적으로 표현하라

14

말을 잘하는 기술

■ 말하고자 하는 것에 대해서 확실히 이해하라

■ 간단하게 말하라

■ 말하는 동안 청중을 바라보라

■ 상대방이 관심 있는 것에 대해 말하라

■ 연설하지 말고 자연스럽게 말하라

말투가 험한 사람들은 인생을 힘들게 살아온 사람들인 경우가 많다.

어렵고 힘든 생활을 이겨내려면 마음을 굳게 먹는 수밖에 없고 그것은 곧 말을 통해서 밖으로 드러나게 된다.

이렇게 우리는 사람의 말투를 통해서 그 사람의 인생을 짐작할 수 있다. 그 사람이 하는 말은 그 사람의 내면상태를 반영하기 때문이다.

이렇게 말은 한 사람의 지난 과거를 짐작하게 해주기도 하지만 현재의 심리상태를 알려주기도 한다.

그래서 말은 사람의 성숙한 정도, 현재의 기분이나 마음가짐, 심지어 인격까지 반영하게 된다.

그러므로 말을 할 때는 자신의 내면상태를 말을 통해 상대방에게 알리는 것임을 명심해야 한다.

때로는 말의 내용보다 말을 전달하는 방식이나 말하는 사람의 태도가 더 중요하게 작용한다.

말을 할 때 태도와 자세를 바르게 해야 하는 이유가

이 때문이다.

재미있게 말을 잘하는 사람이란 말하는 태도가 성숙하여 다른 사람들에게 거부감을 불러일으키지 않고 자신의 의사를 제대로 전달하는 사람을 가리킨다.

여기 재미있게 말하는 사람과 그렇지 못한 사람의 차이를 만들어내는 5가지 방법이 있다.

“

자신이 말하고자 하는 것에 대해서 확실히 이해하라

”

1

자신이 무엇을 말하고자 하는지 확실히 모른다면 그것에 대해서 말을 해서는 안 된다.

정확히 알고 있어야만 확신에 차서 말할 수 있다.

이런 확신에 찬 표현은 다른 사람들에게 긍정적인 느낌을 주고 믿을 만한 사람이라고 생각하게 한다.

그러므로 정확한 지식과 확신을 갖고 말해야 한다.

이것은 당신이 무엇을 말하고자 하는지 정확하게 알 때 가능하다.

“

간단하게 말하라

”

2

간단하게 요점만 말해야 한다.

아무도 말수가 적은 것 때문에 비난받지는 않는다는 사실을 기억할 필요가 있다.

만약 이야기를 더 듣고 싶다면 상대방이 다시 질문을 해올 것이다.

말이 길면 상대방은 지루함을 느낀다.

아무리 좋은 말도 반복해서 들으면 잔소리가 되는 것이다.

말수가 적은 것보다 말수가 많을 때 비난받는다는 것을 명심하라.

"

말하는 동안 청중을 바라보라

"

3

이 법칙의 중요성은 아무리 강조해도 지나치지 않다.

말하는 사람이 듣는 사람과 눈이 마주쳤을 때 더 집중해서 듣게 된다.

또한, 듣는 사람이 그것을 받아들일 가능성도 커진다.

우리의 말을 들어주는 사람들은 바라볼 가치도 있다.

원고를 보면서 이야기하거나 연설하듯이 말해서는 안 된다.

"상대방이 관심 있는 것에 대해 말하라"

4

대화에서 중요한 것은 상대방이 무엇에 관심이 있느냐 하는 것이다.
당신이 관심 있는 것에 대해서 말해서는 안 된다.
상대방이 듣고자 하는 것을 말해야 한다.
사람들의 관심은 당신이 아니라 그들이 궁금하게 생각하는 것이다.
그것에 집중해야 한다.
그러자면 상대방이 관심 있는 것이 무엇인지에 대해서 충분히 생각해야 한다.
말을 하면서 상대방의 반응을 유심히 살피고 자신의 말과 상대방의 욕구가 잘 들어맞는지 계속 확인해야 한다.

"

연설하려고 하지 마라

"

5

연설하려고 하지 말고 대화하라.

침착하고 자연스럽게 하라.

당신이 다른 사람과 말을 하는 주목적이 무엇인지 잊어서는 안 된다.

대화를 하는 주된 목적은 자신의 생각을 다른 사람들에게 효과적으로 전달하기 위해서이다.

연설을 하게 되면 자신의 생각을 일방적으로 이야기할 가능성이 크다.

이것은 효과적인 전달법이 아니다.

다른 사람들이 가장 잘 받아들일 수 있도록 쉽고 편안하게 평소처럼 이야기해야 한다.

당신이 하고자 하는 것을 자연스럽게 전달하는 것이 중요하다.

말을 잘하는 기술이란 특별한 것이 아니다.
상대방의 처지에서 그들의 말을 잘 들어주고, 그들이 궁금해하는 것에 대해서 자신이 아는 대로 이야기하는 정도가 전부다.
이것이 어려운 것은 우리가 너무나 자기 자신을 내세우는 데 집착하기 때문이다.
좋은 시나 좋은 글은 길지 않다.
오히려 짧다고 느껴지기까지 한다.
그 이유는 꼭 필요한 부분만을 전달하고 자세한 것은 그것을 듣거나 읽는 사람에게 맡겨두기 때문이다.
그것이 감동을 주고 특별한 경험을 갖게 한다.
일일이 구체적으로 말하고 지적하지 않아도 상대방이 스스로 생각해서 유추할 수 있게 한다.
그리고 그것이 더 강력하게 자신을 설득하게 한다.

행동하고 또 행동하라

15

지식은 그것 자체만으로는 아무런 가치도 없다.

지식을 올바르게 사용할 때 가치가 드러난다.

인생은 당신이 무엇을 얼마나 많이 알고 있느냐에 의해서 가치가 결정되지 않는다.

당신이 어떻게 행동했느냐에 따라서 가치가 결정된다.

많은 사람이 좋은 이야기를 듣거나 훌륭한 책을 읽고 큰 감동을 받았을 것이다.

하지만, 그것을 통해서 자신의 삶을 변화시키는 사람

들은 소수에 불과하다.

대부분 사람들은 그것들을 자신의 생활에 적용시키는 데 실패하기 때문이다.

즉 실천으로 옮기지 못했기 때문이다.

얼마나 많은 책을 읽고 얼마나 좋은 이야기를 듣느냐 하는 것은 중요하지 않다. 그것을 어떻게 실천해서 자신의 삶을 개선해나갈 것인가가 중요하다.

이것은 당신의 삶을 개선하고 좋은 친구를 사귀고 더 큰 성공과 행복을 얻는 열쇠가 될 것이다.

이 책에 실려 있는 지식을 당신과 당신의 가족들에게 적용하라.

당신의 삶 속에서 이 책의 지식을 적용하고 실천하라.

당신은 그렇게 할 수 있다.

Good Luck

해제

이 책은 사람과 사람 사이 즉, 인간관계에 관한 핵심적인 내용을 다루고 있다. 전체적으로 15가지의 중요한 만남의 기술들을 다루고 있으며 기본적인 사람의 본성을 바탕으로 실천을 위한 구체적인 방법론들을 알려준다. 여기에서 말하는 기술들은 모두 인간의 기본적인 본성에 기초한 것이다. 그래서인지 내용이 익숙하게 느껴지고 쉽게 다가온다. 텍스트가 이렇게 강력한 힘을 발휘하는 것은 어디서 억지로 끌어들인 것이 아니라 사람의 본성이라는 본질적인 것에 기초하고 있기 때문일 것이다.

저자는 먼저 15가지 만남의 기술을 말하기 전에 사람에 대한 중요한 통찰 세 가지를 이야기한다.

첫째는 사람이 세상을 이해하고 배우는 방법에 관한 것이다. 사람은 시각과 청각을 통해서 94%의 정보를 받아들이고 그것을 통해서 배운다. 나머지 6%는 후각과 촉각과 미각을 통해서이다. 시각과 청각을 통해 대부분 정보를 받아들인다는 사실은 시각과 청각이라는 기능을 통해 정보를 전달하는 것이 더 효과적임을 암시한다. 사람들은 시각적인 요소에 익숙해져 있다. 익숙한 방법으로 호소하면 전달될 가능성이 크다.

사람에 대한 두 번째 통찰은 우리가 정보를 어떻게 기억하느냐 하는 것이다. 우리는 단순히 읽고, 듣고, 보는 하나의 방법보다는 둘 이상의 복합적인 활동을 통해서 더 많은 정보를 기억한다. 하지만, 무엇보다 우리가 정보를 잘 기억하게 하는 것은 바로 행동이다. 우리가 행동하는 것의 90%를 기억한다는 것은 중요하다. 무엇인가를 기억하고 싶다면 그것을 직접 체험하고 실천한 것을 말로 표현해보면 된다. 실천은 학습에서도 힘이 세다.

세 번째 통찰은 배움의 방법과 그것을 재학습하는 시간의 간극에 관한 것이다. 역시 하나의 방법에 의존하기보다는 청각과 시각을 결합하는 것이 좋으며 그것을 가능하면 빠른 시간 안에 재학습하는 것이 효과적이다. 재학습의 시간은 빠를수록 좋다. 배운 것을 잊어버리기 전에 다시 살펴보는 것은 반복에 의한 학습효율을 높여준다.

이 책을 읽는 독자들도 이런 기본적인 인간의 통찰에 대한 교훈들을 활용할 필요가 있다. 책을 읽으면서 연습해보고 생활 속에서 실천하면서 다른 사람들에게 생생하게 가르치듯이 익히다 보면 그것이 습관화될 것이다. 사람은 행동하고 그것을 말로 표현하면서 가장 잘 배울 수 있다는 사실을 적극적으로 활용해야 한다. 그리고 가능하다면 자주 이 책을 들여다보고 반복해서 훈련하는 것이 중요하다.

저자는 반복해서 진실함과 습관에 대해서 이야기하고 있다. 그 이유는 진실함이 없는 행동은 거짓이기에 언젠가는 사람들이 그것을 알아볼 것이고, 진실하기는 하지만 좋은 습관이 없다면 사람들이 그 진실함을 알 수 없기 때문이다. 좋은 인간관계를 위해서는 훌륭한 내면과 함께 그것을 보여주는 좋은 태도가 필수적이다.

본격적으로 사람의 본성에 기초한 중요한 만남의 기술과 구체적인 방법들에 대해서 살펴보자.

저자가 가장 먼저 말하는 기술은 '사람의 본성을 이해하라.' 는 것이다. 태어날 때 사람은 '나' 라는 개념을 가지고 있지 않다. '나' 라는 개념은 '엄마' , '아빠' 와 같은 타인을 인지하고 난 후에 형성된다. 다른 존재를 인지해야만 자신을 인지할 수 있기 때문이다. 하지만, 한 번 '나' 라는 개념이 형성되고 나면 그것은 너무나 강력하게 우리의 생각을 지배하게 된다. 세상에서 내가 가장 중요한 존재가 되어 모든 판단의 기준이 자기가 되는 것이다.

이 첫 번째 기술은 전체적으로 아주 중요하다. 왜냐하면, 이 기술에 의해서 다른 기술들도 유추되기 때문이다. 사람이 자신을 가장 중요하게 생각하기 때문에 다른 사람들과 이야기를 할 때 자신이 화제의 중심이 되기를 바라고 그것을 통해서 중요한 존재로 인정받고 싶어한다. 자신의 의견에 동의해주는 사람을 좋아하고 그 이야기를 잘 들어주는 사람을 좋아하게 되며 칭찬과 감사하다는 인사치레를 좋아하게 된다.

그런데 우리들의 일상적인 대화를 보면 자기 자신이 너무나 중요한 나머지 상대방 또한 자신을 중요하게 생각한다는 것을 너무나 쉽게 잊어버리는 것 같다. 자기 이야기를 하느라고 정신이 없는 것이다. 우리가 자기 이야기를 하는 동안 상대방은 소외되고 자신이 중요하지 않은 존재라고 느낀다. 그래서 저자는 우리의 사전에서 '나'라는 용어를 과감하게 지우라고 요구한다. 대신 '당신'이라는 말이 대화의 주제가 되어야 하며 그것을 통해서 상대방은 만족과 자긍심을 갖게 됨을 강조한다. 이것은 곧 대화하고 있는 사람에 대한 긍정적인 느낌을 가져다준다.

두 번째 기술인 '상대방을 대화의 주제로 삼아라.' 와 세 번째 기술인 '상대방이 자신을 중요한 존재로 느끼게 하라.' 는 모두 사람의 본성에 기초한 심리적인 기술들이다. 이런 기술에 기초하게 되면 사람과의 대화에서 자기만을 생각하는 패러다임에서 벗어나 상대방이 원하고 바라는 것에 대해 생각할 여유를 가질 수 있게 된다. 이런 여유는 대화를 할 때 상대방의 말을 들어주고 얼굴을 바라보며 호응하는 자연적인 태도로 이어진다. 자신의 말에 반응하는 이런 태도들로 인해 상대방은 나에 대해서도 호감을 느끼게 되고 관계의 기초가 형성되어간다.

상대방의 말을 잘 들어주는 것만으로는 충분하지 않다. 사람은 자신의 의견에 동의하는 사람을 좋아하기 때문이다. 다른 사람의 의견에 동의하는 것, 이것이 네 번째 기술이다. 내가 아무리 잘 들어주는 경청자라 하더라도 상대방의 의견에 강력하게 반대한다면 지금까지 내가 잘 들어왔던 것은 그에게 반대하기 위한 수단으로 인식될 수 있다. 상대방의 의견에 동의해야만 경청도 의미가 생긴다. 그렇다고 상대방의 말에 무조건 동의할 수는 없는 노릇이다. 이때 필요한 것이 바로 상대방의 처지에서 쟁점을 다시 생각해보는 것이다.

저자의 말대로 동의하는 것보다 반대하기가 더 쉽다. 왜냐하면, 동의하려면 상대방의 처지에서 생각해보아야 하기 때문이다. 우리가 살아가면서 부딪히는 일들의 옳고 그름은 획일적으로 말할 수 없는 경우가 대부분이다. 이렇게 보면 이렇게, 저렇게 보면 저렇게 보인다.

사람은 자기 자신의 관점으로 세상을 본다. 저마다 보고 듣고 배우고 경험한 것이 다르기 때문에 관점에 차이가 있다. 이런 관점의 차이가 사물과 현상을 해석하는 차이로 이어지고 그것을 표현하는 방법도 달라진다. 결국, 사람마다 같은 사물과 현상을 보고도 다른 결론을 내릴 수 있다. 어찌 보면 당연하다. 이것은 또한 저자가 말하는 첫 번째 기술과 자연스럽게 연결되는 것이다.

우리가 상대방의 의견에 반대하는 경우 또한 자신의 존재가치를 확인하기 위한 일종의 방법론인 경우가 많다. 상대방의 의견에 반대하는 것이 3차대전을 막거나, 몰락해가는 회사를 구해내거나, 죽어가는 사람의 생명을 구하는 것과 직접 연관된 경우는 거의 없다. 설사 그렇다고 하더라도 상대방의 의견에 먼저 동의를 해주고 차후에 설득하는 편이 훨씬 설득의 가능성도 크다. 좋은 관계가 형성된 후에 좋은 대화도 가능하기 때문이다. 결국, 대화란 관계의 질이 겉으로 드러나는 모습에 불과하다.

대화하는 모습을 보면 그 사람의 품성을 알 수 있다. 그리고 얼마나 잘 들어주는가를 보면 그 사람 마음속에 있는 생각의 크기를 알 수 있다. 사람들이 자신의 이야기를 들어주는 사람을 좋아한다는 것은 말하지 않아도 아는 사실일 것이다. 하지만, 이것을 중요한 기술로 또 다시 강조해야만 하는 이유는 그것이 충분히 지켜지지 않기 때문이다.

많이 아는 것은 중요하지 않지만, 그것을 행동으로 옮길 수 있도록 습관화하는 것은 중요하다. 아는 것만으로는 우리 삶을 변화시키기 어렵다. 그것을 실천으로 담보할 수 있어야 삶의 모습이 변화된다. 많은 사람이 이것을 착각하고 있다. 지식이란 그 자체로는 아무 의미도 가치도 없다. 오히려 실천과 괴리되면 해악만 가져온다. 들어준다는 것이 중요하다는 것을 알지만 우리의 행동은 이미 듣는 척하거나 말꼬리를 잡거나 자기를 주장하는 데 집중되어 있다. 중요한 것은 그런 자신을 바꾸어가는 것이다.

이제 본성에 기초한 기술에서 한 단계 나아가 사람을 움직일 수 있는 구체적인 원칙과 방법에 대해서 살펴보자.

여섯 번째 기술은 '상대방이 원하는 것에 집중하라.'

는 것이다. 크리스마스 선물을 준다고 하자. 그런데 그 선물이 전혀 상대방의 효용에 닿지도 않고 가치도 없는 것이라면 선물의 의미는 퇴색될 수밖에 없다.

오 헨리의 단편 〈크리스마스 선물〉은 가난한 부부의 이야기를 다루고 있다. 아내와 남편은 각자가 상대방에게 꼭 필요할 것 같은 선물을 샀지만 그 대가로 자신에게 중요한 것들을 팔아야 했다. 자신에게 가장 소중한 것을 팔아서 상대방에게 필요한 것을 준다는 것은 사랑을 의미한다. 이 이야기가 감동적인 것은 그들이 상대방에게 꼭 필요한 것을 자신의 것을 포기하면서 준비했기 때문이다. 선물을 받았을 때 그들은 더는 그것이 필요하지 않았지만 가장 중요한 사랑을 선물받았기에 그들의 마음은 서로를 향해 움직였다. 부부에게 정말로 중요한 것은 바로 사랑이다. 그 사랑을 선물받았을 때 감동은 배가 된다.

상대방이 무엇을 원하는지 알아내려는 노력은 중요하다. 하지만 시간과 노력이 걸리는 일이다. 서로에게 좋은 사람이 되려면 섬세한 노력이 필요한 법이다. 그리고 서로를 알아가는 과정은 설레고 가슴 떨리는 경험이 된다. 상대방을 알아가면서 가슴 떨리지 않다면 그 관계는 거래 관계를 넘어서지 못할 것이다. 만남은 무릇 가슴 떨리는 것이어야 한다. 그 떨림이 진정한 관계의 질을 결정한다. 그 과정에서 진실성은 필수적이다.

일곱 번째 기술은 '인용하듯 전달하라.'는 것이다. 내가 가지고 있는 것이 아무리 훌륭할지라도 그것을 상대방이 신뢰성 있게 받아들이지 않으면 아무 소용이 없다. 아무리 좋은 제품도 고객들에게 신뢰를 줄 수 없다면 무용지물이다. 제품의 품질도 중요하지만 그것을 받아들이는 사람이 제대로 받아들일 수 있게 전달하는 것도 중요하다.

이때 직접적으로 표현하는 것보다는 제3자 혹은 언론매체나 기사 등을 통해서 인용하는 것이 훨씬 효과적이다. 이해관계가 없는 제3자가 한 말은 믿을 수 있다는 생각이 들기 때문이다. 현대사회처럼 모든 현장이 고객

접점인 상황에서는 기억해둘 필요가 있는 방법이다.

여덟 번째, Yes 질문법을 활용하라. 사람들이 Yes라고 대답할 수 있도록 이유를 제시하고 적절한 질문을 통해서 긍정적인 답변을 유도하는 것이다. 사람은 자기만의 어떤 이유를 가질 때 움직인다. 예전부터 우리는 '대의명분' 을 중시했다. 자신이 그렇게 해야만 하는 대중적으로 인정받을 수 있는 정당한 이유가 중요했던 것이다. 의사결정을 할 때에도 그것을 해야만 하는 확실한 이유를 마음속에 심어줄 수 있다면 상대방의 결정을 끌어내는 것은 크게 어렵지 않다.

대부분 사람은 처음 대하는 사람이나 사물, 주장에 대해서 중립적인 입장에 서 있다. 이때 어떤 결정을 할 것이냐 하는 것은 그것을 말하는 사람이 얼마나 열정적이고 확신에 차 있느냐에 따라 좌우되는 경우가 많다. 따라서 상대방에게 듣고 싶은 이야기가 있다면 그의 의사결정에 영향을 미칠 수 있는 이유를 제시하거나 자신이 얼마나 확신하고 있는지를 알려주는 것이 중요하다.

아홉 번째와 열 번째는 미소와 칭찬의 힘에 관한 것이다. 내가 상대방에게 먼저 미소를 보이면 상대방도 따라서 미소를 보여준다. 내가 상대방을 먼저 칭찬하면 상대방도 나에 대해서 좋은 생각을 하게 된다. 이것은 주는 대로 받는다는 법칙이 사람 사이에 그대로 적용된 것이다. 물론 미소와 칭찬에는 진실성이 있어야 하며 가식이나 겉치레여서는 안 된다. 그런 것은 눈에 보이기 때문에 상대방을 움직이는 힘이 없다.

열한 번째, 긍정적으로 충고하라. 충고에도 기술이 필요하다. 다른 사람의 잘못을 지적할 때에도 방법이 있는 것이다. 그 방법이란 상대방이 지적받고 있다는 생각이 들지 않으면서 발전적인 방향으로 자신을 개선하도록 만드는 것이다. 그러려면 충고하기 전에 부드러운 분위기를 조성하고 충고의 과정에서 행동을 충고하거나 발전적인 방향을 같이 모색하는 방법을 사용하는 것이 중요하다.

열두 번째는 감사함을 표현하는 것이다. 때로는 감사

하다고 말하는 것이 감사하다고 생각하는 것보다 더 중요하다. 그런데 우리는 감사하다는 생각만 하고 그것으로 충분하다고 여기는 경우가 많다. 마음이 중요하다고 생각하는 우리나라 사람들의 특성 또한 여기에 한몫을 한다. 하지만, 감사하다는 마음이 아무리 크다 한들 그것을 표현해서 드러내지 않는다면 상대방이 그것을 알기는 어렵다. 설사 안다 한들 그것을 직접 귀로 듣는 것과는 느낌이 상당히 다르다.

열세 번째, 사람은 자기를 존중하는 사람을 존중한다. 이것은 너무나 중요하다. 왜냐하면, 좋은 인간관계는 모두 자신에게서 시작되기 때문이다. 가끔 사무실로 신용카드를 발급받을 것을 권유하는 사람들이 찾아오곤 한다. 대부분 은행의 직원들인데 실적 때문에 나왔으니 도와달라고 한다. 솔직해서 좋기는 하지만 안타까운 생각이 들 때가 많다. 자신의 일에 대한 열정은 눈에 보이지 않고 '한 건' 하겠다는 생각밖에 안 보이기 때문이다. 열정은 전염되는 법이다. 자신이 하는 일이 정말 중요하고 가치 있다고 생각하는 사람에게 마음은 기울게 되어 있다. 그런 의미에서 이 법칙은 우리의 직업의식과 자신에 대한 믿음의 깊이에 다시 한 번 질문을 던질 것을 요구한다.

열네 번째 기술은 말하는 방법에 관한 것이다. 말은 그 사람의 마음상태를 반영한다. 말하는 사람이 주제에 대해서 얼마나 잘 알고 있는지는 그의 태도를 보면 알 수 있다. 내용을 잘 아는 사람은 자신감 있고 여유 있으며 구체적이고 자연스럽다. 연설을 하듯이 혼자 말하지 않으며 과장하거나 애매모호하게 얼버무리지 않는다. 상대방의 눈을 똑바로 바라볼 수 있기에 그것을 받아들이는 사람의 마음에도 확신이 생긴다.

무엇인가에 대해서 말하고자 한다면 그것을 제대로 알고 상대방의 눈을 바라보며 자연스럽게 말할 수 있어야 한다. 이것은 충분히 알지 못한다면 어려운 일이다. 깊이 연구하고 제대로 공부해야 하는 이유가 여기에 있다.

마지막 기술, 이것은 우리 인생의 영원한 화두에 관한

것이다. 바로 실천이다.

아는 것이 넘치면 부족한 것만 못하게 된다. 아는 만큼 행동하지 못하면 오히려 관계를 해친다. 사람들은 말만 번지르르한 사람을 좋아하지 않는다. 아는 만큼 행동하는 것이 습관이 되고 습관이 품성이 되어야 하는 이유다.

'인사를 잘하는 것이 중요하다.' 고 항상 말하고 다니던 사람이 있다. 그런데 실제로 그는 인사를 잘 하지 않는다. 어떤 일이 생길까? '자기는 제대로 못하면서 무슨 말이 많아' 라는 말을 듣는 불쾌한 사람이 된다. 아는 만큼 그것을 실천하지 못하면 오히려 관계를 망침을 명심해야 한다. 아는 것은 아무것도 아니다. 실천만이 중요하다.

이 책은 한 번 읽는 것으로 끝낼 수 없는 책이다. 사람을 이해하는 것에 그치지 않고 그에 기초해서 행동하는 방법들을 연습하고 훈련해야 하기 때문이다. 그러자면

수차례 반복해서 읽고 적용하고 연습하는 것을 생활화해야 한다. 가능하다면 항상 이 책을 가방에 넣어 다니면서 한 과정씩 연습하고 그것을 습관화해볼 것을 권한다. 결국, 무엇을 얼마나 얻을 것인가는 자신의 몫이다.

번역을 하면서 우리나라의 정서에 맞추고자 부득이 가필을 한 부분에 대해 저자와 독자 분들께 널리 양해를 구한다. 좋은 내용을 효과적으로 전달하기 위한 고역으로 이해해주었으면 하는 바람이다.

이 책을 읽는 모든 분들의 삶이 '괜찮은 것이었으면…' 하고 바라는 것은 욕심일까? 아니라면 괜찮은 것으로 만들어보는 것은 어떨까? 어차피 다른 방법도 없지 않은가.

레스 기블린(Les Giblin)

세계적으로 유명한 경영컨설턴트이자 인간관계와 동기부여의 전문가다. 1965년 '올해의 세일즈맨상'을 수상하였으며 GE를 비롯한 수많은 회사와 단체들을 대상으로 인간관계와 커뮤니케이션, 세일즈기법에 대한 세미나를 실시하여 회사와 개인의 성장에 큰 기여를 하였다. 그가 발간한 저서와 오디오북들은 세계 각국으로 번역되고 판매되어 전 세계 비즈니스맨들에게 엄청난 영향을 끼쳤고 지금 우리가 접하는 많은 인간관계와 커뮤니케이션에 관한 지식의 토대가 되었다.

이러한 다양한 활동으로 인간관계와 커뮤니케이션의 최고 전문가로 인정받는 그는 현재 GE, 메릴린치, 암웨이, 모빌, 존슨엔존슨, PGA 등의 컨설턴트 및 자문위원으로 활동 중이다.

그의 저서 《찬스를 만드는 만남의 기술 15 skill with people》는 지금까지 전 세계 천만 부 이상이 판매되었으며 커뮤니케이션의 핵심교본으로 20개 이상의 언어로 번역되었다. 인간의 본성에 바탕을 두고 관계의 핵심에 접근하는 구체적인 기술들을 정리한 이 책은 인간관계와 커뮤니케이션, 세일즈기법에 대한 기본서라고 할 수 있으며 이후에 출간된 인간관계와 커뮤니케이션의 많은 저작에 큰 영향을 미쳤다.

이 책의 실행서인 《How to be people smart》또한 수백만부의 판매를 기록하여 사람들의 삶을 개선하는데 크게 기여하였다.

안 상 헌

책읽기를 통해서 세상을 살피고 현명하게 살아가는 방법을 연구하는 독서와 자기계발분야의 전문강사이자 《생산적 책읽기50》,《생산적 삶을 위한 자기발전노트50》같은 베스트셀러의 저자이다.

지식사회를 살아가는 현대인들에게 책읽기는 필수적이며 무엇을 어떻게 읽느냐에 따라 사람의 미래가 바뀐다는 생각으로 좋은 책을 쓰고 좋은 강의를 하기 위해 노력하고 있다.

현재 국민연금공단 HRD전문강사로 활동 중이며 다양한 언론매체에서 활발한 기고 활동을 펼치고 있다. 쓴 책으로는 위의 책 외에도 《책력》, 《자신감》, 《Change, 나는 왜 변화하지 못하는가?》등 다수가 있다.

